Alice und Robert Fryling

Kurs Ehe

Tips für das Leben zu zweit

Bearbeitet von Hartmut Behnke

R. BROCKHAUS

SAATKORN-VERLAG

R. Brockhaus Taschenbuch Bd. 495

Amerikanischer Originaltitel:
»A Handbook for Engaged Couples«
Erschienen bei Inter-Varsity Press,
Downers Grove, Illinois, USA

Deutsch von Isabel Fuchs

Umschlaggestaltung: Carsten Buschke, Solingen
Umschlagfoto: Kotoh – ZEFA, Düsseldorf
Gesamtherstellung: Breklumer Druckerei Manfred Siegel KG

ISBN 3-417-20495-X (R. Brockhaus)
Bestell-Nr. 220 495

ISBN 3-8150-0849-2 (Saatkorn)
Verlagsarchiv-Nr. 1039 193

INHALT

EINFÜHRUNG

Jeder Hochzeit folgt eine Ehe. Diese einfache Aussage birgt mehr in sich, als es im ersten Augenblick scheinen mag. Ein verheirateter Mensch wird im Durchschnitt 50000 Stunden mit seiner Ehepartnerin verbringen.

Für Christen ist die längste Zeit die nie endende Ewigkeit, die wir durch Gottes Gnade bei ihm verbringen dürfen. Als zweitlängste Zeitspanne unseres Lebens können wir die Ehe ansehen. »Bis daß der Tod euch scheidet«, kann fünfzig und mehr Jahre Ehe bedeuten.

Für jede Fahrerlaubnis und jede Berufsausübung brauchen wir Prüfungen. Für die Ehe nicht?

Dieses Arbeitsbuch ist in erster Linie für Verlobte geschrieben, die sich mit Gottes Hilfe auf die tiefste aller menschlichen Beziehungen vorbereiten möchten. Es werden Aufgaben gestellt, Sie werden gebeten, mit Ihrem Partner ins Gespräch zu kommen.

Es werden weiterführende Bücher empfohlen, die Sie zusätzlich zu diesem Buch lesen können. Sie werden nicht alle lesen. Es ist nur ein Angebot, sich über bestimmte Fragen genauer zu informieren.

Wie kann man dieses Buch benutzen?

Wir schlagen vor, daß sich jeder von Ihnen ein eigenes Exemplar dieses Buches anschafft. Dann arbeiten Sie jedes Kapitel dreimal durch: Einmal allein, indem Sie die Antworten geben, ohne mit dem Partner gesprochen zu haben; dann gemeinsam, indem Sie die Antworten miteinander vergleichen, und schließlich mit Ihrem Pastor oder Ihrer Gruppe, der oder die Sie in der Ehevorbereitung begleitet.

Die Reihenfolge der Kapitel mag nicht Ihren Bedürfnissen entsprechen, wenn Sie kurz vor der Hochzeit stehen, oder kurz nach der Hochzeit Kapitel, die Ihnen besonders wichtig sind, zur Hand nehmen.

Die Fragen auf den folgenden Seiten kann nicht jeder in gleicher Form beantworten. Menschen sind in ihrem Wesen, im Temperament, in ihren Werten und Zielen sehr unterschiedlich.

Diese Unterschiede im Gespräch zu entdecken und damit umgehen zu lernen, ist das Ziel dieses Buches für Verlobte und Ehepaare.

1. Die Absicht Gottes

Wenn sich zwei Menschen fragen, ob sie den Rest ihres Lebens miteinander teilen wollen, ist das auch heute noch ein Augenblick tiefer Bedeutung. Für uns kam er auf der kleinen Insel vor der Küste von Maine. Bob fragte Alice, ob sie den Rest ihres Lebens mit ihm teilen wollte. Der Himmel hätte nicht blauer sein und die Sonne nicht heller scheinen können, als sie freudestrahlend ja sagte. An jenem Tag haben wir uns auf den Felsen der Atlantikküste lange und intensiv unterhalten. Voller Freude malten wir uns die dynamische, liebevolle Ehe aus, die wir demnächst beginnen wollten.

Jede Beziehung ist – selbstverständlich – einzigartig. Doch sicher erlebt jedes Paar solche Augenblicke der überwältigenden Vorfreude auf eine Liebe, die ewig halten wird. Aber wie können wir diese Liebe nähren? Wie wachsen wir zusammen? Wie bauen wir eine stabile Partnerschaft auf? Als Christen brauchen wir nicht im Dunkeln herumzutappen und überall nach Prinzipien zu suchen, an die wir uns halten können. Das ist eine der großen Freuden, die ein Leben mit Christus mit sich bringt: Die Bibel gibt uns Leitlinien, die für jede Ehe gelten, uns aber soviel Spielraum lassen, daß keine christliche Ehe wie die andere ist.

Jede Ehe, die sich auf ein solides biblisches Fundament gründet, spiegelt bis zu einem gewissen Grad Christi Einheit mit der Gemeinde wider (Epheser 5,24–25). Sie ist ein Bild, das der Welt und den Mitchristen zeigen kann, welche Beziehung Jesus Christus zu uns haben will. Welch einen hohen Rang bekommt damit die christliche Ehe!

Wenn dieses Bild kein Zerrbild werden soll, müssen wir unsere Ehe immer wieder im Licht der biblischen Lehre prüfen. Die folgenden Bibeltexte und die anschließenden Fragen sollen Ihnen helfen, Ihre Ehe in der richtigen Perspektive zu sehen.

Und Gott schuf den Menschen zu seinem Bilde, zum Bilde Gottes schuf er ihn; und schuf sie als Mann und Weib . . . Und Gott der Herr sprach: Es ist nicht gut, daß der Mensch allein sei; ich will ihm eine Gehilfin machen, die um ihn sei. Und Gott der Herr machte aus Erde alle die Tiere auf dem Felde und alle die Vögel unter dem Himmel und brachte sie zu dem Menschen, daß er sähe, wie er sie nennte; denn wie der Mensch jedes Tier nennen würde, so sollte es heißen. Und der Mensch gab einem jeden Vieh und Vogel unter dem Himmel und Tier auf dem Felde seinen Namen; aber für den Menschen ward keine Gehilfin gefunden, die um ihn wäre. Da ließ Gott der Herr einen tiefen Schlaf fallen auf den Menschen, und er schlief ein. Und er nahm eine seiner Rippen und schloß die Stelle mit Fleisch. Und Gott der Herr baute ein Weib aus der Rippe, die er von dem Menschen nahm, und brachte sie zu ihm. Da sprach der Mensch: Das ist doch Bein von meinem Bein und Fleisch von meinem Fleisch; man wird sie Männin nennen, weil sie vom Manne genommen ist (1. Mose 1,27; 2,18–23).

Nach 1. Mose 1,27 spiegeln Mann und Frau gemeinsam Gottes Ebenbild wider. In welcher einzigartigen Art spiegeln Männer Gottes Ebenbild wider? In welcher einzigartigen Art Frauen?

Für welche Zwecke wurde die Frau geschaffen?

Für welche Zwecke der Mann?

Welche Ziele verfolgt Gott Ihrer Meinung nach, indem er sie zusammenführt?

Mit welchen Ihrer Wesensmerkmale können Sie einander ergänzen, so daß Sie gemeinsam das Ebenbild Gottes widerspiegeln?

Ordnet euch einander unter in der Furcht Christi. Die Frauen sollen sich ihren Männern unterordnen wie dem Herrn. Denn der Mann ist das Haupt der Frau, wie auch Christus das Haupt der Gemeinde ist, die er als seinen Leib erlöst hat. Aber wie nun die Gemeinde sich Christus unterordnet, so sollen sich auch die Frauen ihren Männern in allem unterordnen. Ihr Männer, liebt eure Frauen, wie auch Christus die Gemeinde geliebt und sich selbst für sie dahingegeben hat, um sie zu heiligen. Er hat sie gereinigt durch das Wasserbad im Wort, um sie als seine Gemeinde vor sich zu stellen in herrlichem Schmuck, ohne Flecken oder Runzel oder etwas dergleichen, vielmehr heilig und untadelig. So sollen auch die Männer ihre Frauen lieben wie ihren eigenen Leib. Wer seine Frau liebt, der liebt sich selbst. Denn niemand hat je seinen eigenen Leib gehaßt; sondern er nährt und pflegt ihn, wie auch Christus die Gemeinde. Denn wir sind Glieder seines Leibes. Darum wird ein Mann Vater und Mutter verlassen und sich an seine Frau binden, und die zwei werden ein Leib sein. Dies Geheimnis ist groß; ich aber deute es auf Christus und die Gemeinde. Jedenfalls sollt auch ihr, jeder einzelne, seine Frau lieben wie sich selbst; die Frau aber soll ihren Mann ehren (Epheser 5,21–33).

In Vers 21 steht: »Ordnet euch einander unter in der Furcht Christi.« Umschreiben Sie diesen Satz mit Ihren eigenen Worten!

____

____

Was bedeutet das für den Ehemann? Die Ehefrau? Wie verstehen Sie das in bezug auf Ihre Beziehung zu Ihrem/Ihrer Verlobten?

____

____

____

Wie sollen nach dieser Bibelstelle die Männer ihre Frauen lieben?

____

Wie, erwarten Sie, werden diese Richtlinien in Ihrer Ehe verwirklicht werden?

Welche Anweisungen gibt Epheser 5 der Ehefrau?

Was bedeutet »sich jemandem unterordnen«?

Was bedeutet »jemanden ehren«?

Wie, erwarten Sie, werden diese Lehren in Ihrer Ehe verwirklicht werden?

Wie kann sich eine Frau ihrem Mann unterordnen und ihm gegenüber doch ihre Meinung vertreten?

Warum befiehlt Epheser 5 wohl den Männern, ihre Frauen zu *lieben,* und den Frauen, ihre Männer zu *ehren* (V. 33)?

Denken Sie über das nach, was Walter Trobisch zur Liebe schreibt: »Ich will versuchen, Ihnen zu sagen, was es eigentlich bedeuten sollte, wenn ein junger Mann zu einem Mädchen sagt: ›Ich liebe dich.‹ Es bedeutet: ›Du, du, du. Nur du. Du sollst in meinem Herzen regieren. Du bist es, nach der ich mich gesehnt habe; ohne dich bin ich unvollständig. Ich will alles für dich hergeben, und ich will alles aufgeben für dich, mich selbst sowie alles, was ich besitze. Ich will nur für dich allein leben, und ich will nur für dich allein arbeiten, und ich will auf dich warten – ganz egal, wie lange es dauert. Ich will immer geduldig mit dir sein. Ich will dich nie zwingen, nicht einmal mit Worten. Ich will dich schützen und beschützen und dich vor allem Bösen bewahren. Ich möchte mit dir meine Gedanken teilen, mein Herz und meinen Körper – alles, was ich besitze. Ich möchte dir zuhören, wenn du etwas sagen willst. Ich möchte nichts ohne deinen Segen tun. Ich möchte immer an deiner Seite bleiben.‹«

Was wollen Sie zum Ausdruck bringen, wenn Sie »Ich liebe dich« sagen?

Gibt es etwas, wovor Sie sich fürchten, wenn Sie an Ihre zukünftige Rolle als Ehemann bzw. Ehefrau denken? Wie kann Ihnen Ihr Partner helfen, diese Angst zu bewältigen?

Versuchen Sie auf dem Hintergrund von Epheser 5,21–33 eine Definition von *Ehe* zu formulieren.

Welche fünf Qualifikationen Ihres Partners finden Sie besonders anziehend?

Zur weiteren Lektüre

Bovet, Theodor: *Die Ehe. Ein Handbuch für Eheleute,* Katzmann Verlag, Tübingen, 3. Auflage 1984

Shedd, Charlie: *Briefe an Stefan,* Christliche Verlagsanstalt, Konstanz, 4. Auflage 1989

Shedd, Charlie: *Briefe an Karen,* Christliche Verlagsanstalt, Konstanz, 4. Auflage 1989

Nitsche, Walter: *Partnerwahl für Christen,* Schwengeler Verlag, CH-Berneck 1990

Horie, Michiaki und Hildegard: *Verliebt und dann?* R. Brockhaus Verlag, Wuppertal und Zürich 1991

Martschinke, Dieter / Eggers, Ulrich (Hrsg.): *Lieben lernen,* R. Brockhaus Verlag, Wuppertal und Zürich, 2. Auflage 1988

Trobisch, Walter: *Mit dir. Partnerschaft in der Erprobung,* Vandenhoeck & Ruprecht, Göttingen, 6. Auflage 1991

2. Kommunikation in der Ehe

Als wir frisch verheiratet waren, entdeckten wir etwas Verwirrendes: Für den einen von uns bedeutete Schweigen etwas Schönes und Beruhigendes, während es für den anderen Ärger und Kritik signalisierte. Sicher können Sie sich die Bestürzung und die verletzten Gefühle vorstellen, wenn wir zum Beispiel auf der Rückfahrt von einem herrlichen Ausflug in die Berge schweigend nebeneinandersaßen! Der eine von uns drückte auf diese Weise aus: »Ich liebe dich so sehr, daß ich kein Wort zu sagen brauche.« Der andere dachte: »Du mußt sauer auf mich sein, sonst würdest du dich mit mir unterhalten!« Schweigen war in diesem Fall alles andere als Gold! Erst als wir darüber sprachen, was wir bei unserem Schweigen innerlich erlebten, kam es zu wirklicher Kommunikation.

Bestimmt ist nichts so wichtig in der Ehe wie die Kunst, sich dem andern klar und eindeutig mitzuteilen. Andernfalls kann Liebe nicht völlig ausgedrückt werden. Ohne echte Kommunikation können wir unsern Partner nicht immer tiefer kennenlernen. Es können keine Probleme gelöst werden. Glauben Sie nie, Sie wüßten bereits alles über Kommunikation in der Ehe! Es gibt keine Ehe, in der man Kommunikation nicht ein Leben lang lernen müßte. Ist ein Berg erklommen und bezwungen, taucht ein neuer auf. Die Versuchung, sich in sein Schneckenhaus zurückzuziehen, ist ständig vorhanden. Immer wieder ist Mut nötig, um das Risiko einzugehen, sich dem andern so zu zeigen, wie man ist. Je mehr Sie bereits während Ihrer Verlobungszeit echte, wahrhaftige Kommunikation üben, desto besser werden Sie ausgerüstet sein, Ihre eheliche Beziehung in offener und ehrlicher Liebe zu entwickeln.

Die folgenden sechs Grundsätze für die Kommunikation finden wir besonders hilfreich:

1. *Hören Sie aktiv zu!* Locken Sie den andern heraus durch Fragen wie: »Was meinst du mit . . .?« oder: »Kannst du mir ein Beispiel für dein Gefühl geben . . .?« Wenn Sie dann immer noch meinen, Ihren Partner nicht völlig verstanden zu haben, dann versuchen Sie das, was bei Ihnen angekommen ist, mit eigenen Worten auszudrücken: »Soweit ich dich verstehe, willst du also sagen . . . Stimmt das?«

2. *Reden Sie.* Reden Sie noch mehr. Reden Sie ständig! Gehen Sie davon aus, daß Ihr Partner nichts von dem weiß, was Sie denken und fühlen. Informieren Sie ihn oder sie über Ihre Gedankengänge, Planungen, finanziellen Überlegungen. Drücken Sie in Worten aus, was Sie gut finden, was Sie schlecht finden, was Ihnen gleichgültig ist. Natürlich vermitteln auch hochgezogene Augenbrauen, Achselzucken, Schweigen oder Tränen eine Botschaft. Doch nichts kann eine konkrete Information so exakt weitergeben wie Worte.

3. *Wenn Sie anderer Meinung sind, dann sagen Sie es liebevoll!* Und hören Sie aufnahmebereit die gegensätzliche Meinung des andern an! Häufig wird der eine Partner besser mit Meinungsverschiedenheiten fertig als der andere. Es kann zum Beispiel sein, daß der Mann es besser verkraftet, unterschiedliche Meinungen auszudiskutieren, als die Frau. Sie fühlt sich vielleicht durch Widerspruch persönlich abgelehnt. (»Du bist mir böse, weil ich vorgeschlagen habe, auswärts essen zu gehen!« – »Nein! Ich würde nur eben lieber das Geld für unsere Hochzeit sparen.«)

4. *Versprechen Sie einander, daß Sie keine Geheimnisse voreinander haben wollen!* Das bedeutet nicht, daß Sie gleich mit allem herausplatzen sollen, ganz egal, wie die Umstände sind. Gemeint ist auch nicht, daß Sie ständig Ihre Vergangenheit nach alten Sünden durchforschen. Es bedeutet vielmehr, daß Sie nicht bewußt eine Information zurückhalten, die Ihrem Partner helfen könnte, Sie besser kennenzulernen, Sie mehr zu lieben und Ihr Leben zu teilen.

5. *Reagieren Sie auf Gefühle nicht mit »Sachlichkeit«!* Beantworten Sie Gefühle mit Gefühlen und Argumente mit Argumenten. Da ist die Frau, die total frustriert vom Einkaufen nach Hause kommt. Welch ein Nachmittag! Der Parkplatz überfüllt – vieles ausverkauft – lange Schlangen vor den Kassen – und dann hat man ihr auch noch etwas Falsches eingepackt! Als sie endlich zu Hause ankommt und ihrem Mann von der Quälerei berichtet, blickt der kaum von seiner Zeitung auf und fragt: »Warum gehst du nicht in ein anderes Geschäft?« Sachlich hat er völlig recht, doch was sie in diesem Augenblick braucht, ist keine vernünftige Lösung ihres Problems, sondern Mitgefühl und Verständnis: »Ich wäre an deiner Stelle auch sauer gewesen.« In solchen Situationen sind zunächst Mitgefühl

und Nachempfinden gefragt und erst dann Logik und Tatsachen.

6. *Wenn Sie sich in einem Streitgespräch total festgefahren haben, dann suchen Sie nach der eigentlichen Ursache!* Wenn Sie sich dabei erwischen, wie Sie sich endlos über ein Thema streiten, das keinen von Ihnen wirklich interessiert, dann suchen Sie im Gespräch die eigentlichen Gründe für Ihren Ärger herauszufinden! Ein Beispiel: Sabine und Andreas haben einen anstrengenden Tag hinter sich. Abends können sie sich nicht einigen, ob sie die Nachrichten im Ersten oder im Zweiten Programm sehen sollen. Ihre Diskussion wird immer hitziger, bis ihnen auf einmal klar wird, daß es bei dem Streit eigentlich gar nicht um das Fernsehprogramm geht, sondern um unausgesprochene Dinge beim Abendessen. Sabine ist verletzt, weil Andreas nicht aufgefallen ist, daß sie ein neues Rezept ausprobiert hat. Und dann hat er ihr auch kaum zugehört, als sie ihm von ihrem Nachmittag in der Stadt erzählt hat. Er wiederum hat sich geärgert, daß sie ihm nach der Arbeit keine Minute Ruhe gegönnt hat. Zudem hat sie vergessen, ihm dafür zu danken, daß er ihr sofort den Wasserhahn repariert hat. Als sie nun merken, daß das eigentliche Problem darin besteht, dem anderen zuzuhören und auf ihn einzugehen, löst sich der Streit ums Fernsehprogramm ganz von selbst.

Die sechs Grundsätze lösen bei vielen Paaren den berühmten »Aha-Effekt« aus. (»Aha! Das ist doch bei uns immer so und so . . .«), während sie anderen zunächst als graue Theorie erschienen. Doch früher oder später werden sie sich als nützlich erweisen.

Ein abendlicher Spaziergang gibt jedem Paar die Möglichkeit, losgelöst von der häuslichen Arbeit, sich mitzuteilen. Diese zehn oder fünfzehn Minuten können Kommunikationshindernisse leichter überwinden. Es lohnt sich also, sich, wenn nötig, noch einmal warm anzuziehen und selbst bei Wind und Wetter diesen Spaziergang zu wagen.

Denken Sie nun einmal über Kommunikation in Ihrer Beziehung nach:

1. Welches Ziel verfolgen Sie beim Gespräch mit Ihrem Partner? Möchten Sie völlige Offenheit in Ihrer Ehe? Wieweit sind Sie bereit, offen zu sein?

____

____

____

____

2. Was wird Ihnen helfen, dieses Ziel zu erreichen? Nennen Sie wenigstens vier Grundsätze oder Vorschläge für Ihre Kommunikation.

____

____

____

____

3. Bei der Kommunikation in der Ehe geht es nicht nur um die Bewältigung von Krisen. Sie wächst vielmehr aus den alltäglichen Gesprächen, die wir miteinander führen. Was sind die Stärken Ihrer Gespräche miteinander?

Worüber sprechen Sie am häufigsten? Über Gedanken, Menschen oder Sachen? Warum?

4. Wem von Ihnen fällt das Miteinander-Reden leichter? Und warum?

5. Was sind die schwachen Punkte Ihrer Kommunikation? Was können Sie tun, um sie zu verbessern?

Zur weiteren Lektüre

Schaffer, Ulrich: *Ich will dich lieben. Meditationen über die Liebe*, R. Brockhaus Verlag, Wuppertal und Zürich, 16. Auflage 1990

Schaffer, Ulrich: *Wachsende Liebe*, Oncken Verlag, Wuppertal und Kassel, 12. Auflage 1990

Hardisty, Margaret: *Nimm sie einfach in den Arm*, Verlag Schulte und Gerth, Aßlar 1990

Morgan, Marabel: *Die totale Frau*, Leonis-Verlag, Zürich 1991

Benson, Dan: *Der tote Mann*, Leonis-Verlag, Zürich 1991

Smalley, Gary: *Entdecke deinen Mann*, Editions Trobisch, Kehl/Rhein 1986

Smalley, Gary: *Entdecke deine Frau*, Editions Trobisch, Kehl/Rhein 1986

Müller, Harry: *Eheseminar mit Pfiff. Damit die erste Ehe die einzige bleibt*, Hänssler Verlag, Neuhausen-Stuttgart 1992

3. Konflikte lösen

Großpapa feierte seinen hundertsten Geburtstag. Jeder beglückwünschte ihn zu seinem guten Aussehen.

»Ich werde euch ein Geheimnis verraten«, sagte Großpapa. »Fünfundsiebzig Jahre ist es her, daß Großmama und ich geheiratet haben. In der Hochzeitsnacht haben wir uns geschworen, daß nach jedem Ehekrach derjenige, der unrecht gehabt hat, einen Spaziergang machen muß. Und so bin ich die letzten fünfundsiebzig Jahre ständig an der frischen Luft gewesen.«

Dies ist eine Möglichkeit, um so lange Zeit »glücklich« verheiratet zu sein. Gibt es noch andere?

Jeder muß seine eigenen Leitlinien für das Lösen von Problemen entwickeln und sie von Zeit zu Zeit neu überdenken, wenn scheinbar Unlösbares zu lösen ist. Das ist jedesmal ein

schmerzlicher Prozeß. Oft gelangen Paare in solchen Gesprächen an den Punkt, wo sie verzweifelt die Hände über dem Kopf zusammenschlagen und ausrufen: »Es geht einfach nicht!«

Doch wir haben zu unserer Freude erfahren, daß es keine unüberwindlichen Probleme gibt. Besonders das christliche Ehepaar, in dem der Heilige Geist am Werk ist, kann immer eine Lösung finden, wenn beide Partner bereit sind, Fehler zuzugeben und sich zu ändern.

»Herzen, die mit der Liebe Christi verbunden sind, werden sich nie zu weit voneinander entfernen« (E.G. White).

Vermutlich werden Sie auf dieses Kapitel zurückkommen, wenn Sie die nächsten Kapitel durcharbeiten, in denen es um Fragen der Zeiteinteilung, des Geldes, des Umgangs mit der Familie und um andere Gebiete geht, wo Entscheidungen getroffen werden müssen. Was geschieht, wenn Sie sich in einer dieser Fragen nicht einig sind?

Erste Stufe: *Beschreiben Sie das Problem deutlich aus beiden Blickwinkeln!* Jeder von Ihnen sollte sagen: »Verstehe ich dich richtig? Du denkst also . . .?« Dann sollte der andere die Möglichkeit haben, Ihren Eindruck zu bestätigen oder zu korrigieren, damit sichergestellt ist, daß Sie einander richtig und ganz verstanden haben.

Zweite Stufe: *Bringen Sie zum Ausdruck, an welchen Punkten Sie einander zustimmen!* So kann zum Beispiel der Mann sagen: »Jawohl, ich sehe ein, daß es dich ärgert, wenn ich zu spät zum Essen komme.« Und die Frau kann erwidern: »Ja, und mir leuchtet ein, daß du verletzt bist, wenn ich so emotional auf deine Verspätung reagiere.« Es ist natürlich möglich, daß Sie in einem Fall die Gesichtspunkte des anderen überhaupt nicht begreifen. In diesem Fall können Sie einander nur zustimmen, daß Sie ein Problem haben.

Dritte Stufe: *Tragen Sie gemeinsam alle Ideen zusammen,* wie man das Problem unter Umständen lösen könnte! Vielleicht sollten Sie Ihre Gedanken niederschreiben, und dann diskutieren Sie Für und Wider.

Vierte Stufe: *Sagen Sie, wo jeder von Ihnen bereit ist, selbst etwas zu ändern,* um zu einer Lösung zu gelangen.

Fünfte Stufe: *Fassen Sie die beste Lösung zusammen,* die Ihnen eingefallen ist.

Und schließlich: *Beten Sie,* daß Gott Ihnen helfen möge, die notwendigen Schritte zu unternehmen, um diese Lösung zu verwirklichen.

1. Welches Ihrer augenblicklichen Probleme könnten Sie mit dieser Methode gemeinsam zu lösen versuchen?

____

____

____

Oder versuchen Sie, ein oder zwei der folgenden Probleme zu »lösen«:

2. Anja, eine junge Mutter, würde gern einen Fortbildungskurs belegen, da sie »zu Hause versauert«. Doch Michael, ihr Mann, meint, Kurs plus Babysitter seien zu teuer angesichts seines knappen Einkommens.

____

____

____

____

3. Bernds Chef erwartet, daß er viermal pro Woche Überstunden macht. Susanne ist unglücklich, weil er so selten zu Hause ist, bevor die Kinder ins Bett gehen.

4. An jedem Wochenende möchte Renate etwas unternehmen – ans Meer fahren, einen Stadtbummel machen, irgend etwas besichtigen oder Freunde besuchen. Kurt würde lieber einen ruhigen Tag zu Hause verbringen und lesen – oder durch die Wälder streifen.

5. Sven und Katja kommen erst abends von der Arbeit nach Hause. Sie haben dann keine Energie mehr, die Hausarbeit zu erledigen. Im Prinzip ist Sven einverstanden, einen Teil zu übernehmen. Praktisch macht aber meist Katja donnerstags und freitags den ganzen Haushalt. Obwohl sie sich darüber ärgert.

6. Silke ist halbtags berufstätig. Obwohl sie morgens zur gleichen Zeit aus dem Haus geht wie Andreas, erwartet er, daß sie immer das Frühstück macht. Sie ist enttäuscht, daß er sich fast nie bereitfindet, das auch einmal zu übernehmen.

7. Manchmal kommt Werner aufgeräumt nach Hause, weil er einen außergewöhnlich guten Tag in der Firma hatte, und findet Bettina müde und in schlechter Laune vor. Sie haben dann große Schwierigkeiten, mit ihrer unterschiedlichen Stimmungslage fertigzuwerden.

8. Stefan stammt aus einer sparsamen Familie. Deshalb findet er, daß Claudia Geld zum Fenster hinauswirft, wenn sie etwas Schönes für die Wohnung kauft oder ein exquisites Abendessen auftischt.

____

____

____

____

Zur weiteren Lektüre

Seamands, David: *Heilung der Gefühle,* Verlag der Francke-Buchhandlung, Marburg/Lahn 1986

Seamands, David: *Heilung der Erinnerungen,* Verlag der Francke-Buchhandlung, Marburg/Lahn 1987

Dobson, James: *Minderwertigkeitsgefühle – eine Epidemie,* Editions Trobisch, Kehl/Rhein 1983

Wright, H. Norman: *Wenn zwei sich gut verstehen,* Verlag Schulte und Gerth, Aßlar, 2. Auflage 1989

Ruthe, Reinhold: *Duett statt Duell,* R. Brockhaus Verlag, Wuppertal und Zürich, 5. Auflage 1990

4. Leben und Arbeit

Die meisten von uns malen sich in Gedanken ständig Bilder aus. Wir malen uns den nächsten Urlaub aus. Wir malen uns aus, wohin wir beim nächsten Umzug ziehen werden. Wir malen uns aus, wer wir in zehn Jahren sein werden. Oder vielleicht malen wir uns nur aus, was wir morgen tun werden. Wir haben unsere Hoffnungen, Träume und Wünsche.

Sie müssen jedoch mit der Realität einer wachsenden Beziehung in Verbindung gebracht werden.

So sind auch Verlobte eifrig damit beschäftigt, für die Zukunft zu planen. Die meisten Menschen werden Ihnen bei Ihrer Gemäldegalerie von Hoffnungen und Wünschen ein gewisses Maß an künstlerischer Freiheit zubilligen. Sorgen Sie jedoch dafür, daß Sie Ihre Vorstellungen so detailliert wie möglich mit Ihrem Partner absprechen. Vermutlich werden Sie sich wundern, wie unterschiedlich Ihre Erwartungen in einzelnen Bereichen sind!

Wir haben im folgenden einige praktische Fragen aufgeschrieben, die Sie jetzt mit Ihrem Partner besprechen sollten und über die Sie vielleicht auch später häufiger reden müssen, während Ihre Pläne Wirklichkeit werden. (Wenn Sie sich nicht einig sind, dann versuchen Sie's doch mal mit der Methode, die Sie in Kapitel 3 gelernt haben!)

1. Welche beruflichen Pläne hat der Mann?

____

____

2. Welche beruflichen Pläne hat die Frau?

____

____

____

3. Will einer von Ihnen nicht arbeiten? Auf Dauer oder für wie lange?

____

____

____

4. Wer bleibt zu Hause, wenn Kinder kommen?

____

____

5. In welcher Gegend und welcher Umgebung möchten Sie auf lange Sicht wohnen?

6. Wo werden Sie nach der Hochzeit wohnen? In einer Mietwohnung? In Ihrer? In der Ihres Partners? In einer neuen? In einer Eigentumswohnung, die Sie sich kaufen werden?

7. In welchem Stil werden Sie Ihre Wohnung einrichten? Wer von Ihnen wird sich mehr darum kümmern? Haben Sie vor, ein für Gäste offenes Haus zu haben?

8. Wer von Ihnen wird dabei letztlich zu sagen haben? Nennen Sie zwei oder drei Beispiele.

9. Wie werden Sie die Hausarbeit aufteilen?

____

____

____

____

10. Wer wird letztlich für die Erziehung der Kinder verantwortlich sein? Warum?

____

____

11. Wie werden Sie größere Entscheidungen in Ihrer Ehe treffen? Was wird geschehen, wenn Sie sich nicht einigen können? Wie halten Sie es mit kleineren, alltäglichen Entscheidungen?

____

____

____

Zur weiteren Lektüre

Wheat, Ed: *Liebe ist Leben,* Verlag Klaus Gerth, Aßlar 1991

Duo. Ein Partner-Spiel-Test, Entw. v. Hine und James R., Christian Kaiser Verlag, München

5. Die liebe Verwandtschaft

Durch eine Heirat werden nicht zwei, sondern immer vier Menschen miteinander verbunden. Wenn wir heiraten, heiraten wir nicht nur den Mann oder die Frau, wie wir sie heute kennen, sondern damit gleichzeitig auch das ehemalige Kind, das in seinem Denken, Handeln und Empfinden von seinem familiären Hintergrund geprägt ist. Um noch genauer zu sein, müssen wir die Eltern der Braut und des Bräutigams dazuzählen und so sagen, daß eine Heirat acht Menschen betrifft. Denn in vieler Hinsicht heiraten wir nicht einen einzelnen Menschen, sondern wir heiraten seine ganze Familie mit.

Es dauert zwar ein Leben lang, das ganze komplizierte Geflecht dieser Beziehungen zu verstehen, doch man kann bereits in der Verlobungszeit damit beginnen, eine gesunde Beziehung zu den beiden Familien aufzubauen. Der erste Schritt dazu kann darin bestehen, daß man sich gegenseitig über die eigene Familie informiert. Viele Stunden vergehen im Wagen oder im Wohnzimmer mit dem Frage- und Antwort-Spiel: »Was weißt du noch? Als du fünf Jahre alt warst? Als du ins dritte Schuljahr gingst? Als du aus der Schule kamst?« Sabine weiß, daß Andreas mit zehn Jahren seinen Geigenbogen als Angel mißbrauchte. Und Andreas weiß, daß Sabine im Alter von sieben Jahren ihre Lieblingskatze im Schrank einschloß! Solche Geschichten und was unausgesprochen dahintersteht, lassen uns besser begreifen, woher wir kommen und wohin wir gehen.

Eltern stehen ihren Kindern sehr nahe, haben eventuell Ängste aufgebaut durch alle Kinderkrankheiten hindurch und können die Kinder nur schwer loslassen. Es wird immer der Wunsch der Eltern bleiben, daß es den Kindern auch in ihrer Ehe gut geht. Die Kinder werden sich aber auf Dauer nur Rat bei ihren Eltern holen, wenn die Eltern ihre Selbständigkeit ohne Einschränkung akzeptieren.

Mark Twain erzählt dazu eine Geschichte: Eines Tages kommt ein Siebzehnjähriger zu ihm und sagt: »Ich verstehe mich mit meinem Vater nicht mehr. Jeden Tag Streit. Er ist so rückständig, hat keinen Sinn für moderne Ideen. Was soll ich machen? Ich laufe aus dem Haus.«

Mark Twain antwortete: »Junger Freund, ich kann Sie gut verstehen. Als ich siebzehn Jahre alt war, war mein Vater genau so ungebildet. Es war kein Aushalten. Aber haben Sie Geduld mit so alten Leuten. Sie entwickeln sich langsamer. Nach zehn Jahren, als ich siebenundzwanzig war, da hatte er so viel dazu gelernt, daß man sich schon ganz vernünftig mit ihm unterhalten konnte. Und was soll ich Ihnen sagen? Heute, wo ich siebenunddreißig bin – ob Sie's glauben oder nicht: Wenn ich keinen Rat weiß, dann frage ich meinen alten Vater. So können die sich ändern!«

Wenn Sie noch nicht damit begonnen haben, fangen Sie an, einander alles über Familie und Kindheit zu erzählen.

1. Was hat Ihnen als Kind an Ihrer Familie am besten gefallen?

____

____

____

2. Beschreiben Sie, wie Ihre Beziehung zu den einzelnen Familiengliedern jetzt ist. Ist sie eng? Ist sie glücklich? Gibt es Konflikte?

____

3. Was wissen Sie über die Kindheit und den familiären Hintergrund Ihres Partners?

4. Wie beurteilen Sie die Familie Ihres Partners? Freuen Sie sich darauf, bald dazuzugehören? Haben Sie irgendwelche Ängste und Befürchtungen?

5. Wie soll Ihre Beziehung zwischen Ihnen als Paar und der Familie der Frau aussehen? Der Familie des Mannes? Wie häufig möchten Sie Ihre Eltern sehen? Wie nah bei ihnen möchten Sie wohnen?

6. Was soll in Ihrem Familienleben besonderen Vorrang haben? Wie viele Kinder möchten Sie haben? Was ist der Hauptgrund dafür, daß Sie Kinder haben wollen? Wenn Sie keine Kinder haben wollen, nennen Sie Ihre Gründe dafür.

Zur weiteren Lektüre

Horie, Michiaki: *Achtung: Fehlschaltung! Sind seelische Störungen vermeidbar?*, R. Brockhaus Verlag, Wuppertal und Zürich, 5. Auflage 1991

Horie, Michiaki: *Resignieren oder hoffen*, R. Brockhaus Verlag, Wuppertal 1978

Horie, Michiaki und Hildegard: *Umgang mit der Angst*, R. Brockhaus Verlag, Wuppertal und Zürich, 5. Auflage 1991

Larson, Bruce: *Kettenreaktion der Freude. Wie wir einander helfen können, freie Menschen zu werden*, R. Brockhaus Verlag, Wuppertal 1976

Trobisch, Walter / Conway, Jim u.a.: *Auch Eltern brauchen Liebe*, Verlag der Francke-Buchhandlung, Marburg/Lahn 1984

6. Finanzen

Jesus sprach während seines Erdenlebens sehr oft über den Umgang mit Geld und wies auf die Gefahren hin, die bei einem falschen Gebrauch der Güter entstehen. Das Prinzip des Himmels ist Freigebigkeit. In Johannes 3,16 lesen wir: »Denn also hat Gott die Welt geliebt, daß er seinen eingeborenen Sohn *gab*, damit alle, die an ihn glauben, nicht verloren werden, sondern das ewige Leben haben.« In der heutigen Zeit ist es immer noch nicht viel einfacher, mit dem Einkommen auszukommen und zufrieden zu sein mit dem, was Gott uns gibt.

Die Bibel sagt nicht, daß Geld die Wurzel aller Übel ist, sondern daß die »Habsucht eine Wurzel alles Übels« ist (1. Timotheus 6,10). Ein Blick in die Tageszeitung führt uns vor Augen, zu welch Schrecklichem Frauen und Männer aus Geldgier bereit sind. »Der sind einige verfallen und sind vom Glauben abgeirrt und machen sich selbst viele Schmerzen« (1. Timotheus 6,10). Vergewissern Sie sich, daß Sie und Ihr Partner sich darin einig sind, welchen Stellenwert materielle Dinge in Ihrer Ehe haben sollen.

Trotzdem hat Ihre Ehe von dem Augenblick an, da Sie Ihr erstes Hochzeitsgeschenk erhalten (ja, von dem Tag an, da Sie erstmals Hochzeitspläne schmieden), auch ganz konkret etwas mit Geld und materiellen Dingen zu tun.

Mit Geld und Besitz sollte man am besten so umgehen, daß man möglichst wenig daran denken muß. Ein Paar mit wenig Geld kann, ja muß unter Umständen viel mehr ans Geld denken als ein reiches Paar. Stellen Sie einen Haushaltsplan auf und besprechen Sie regelmäßig die Einnahmen und Ausgaben. Gönnen Sie sich den Freiraum eines Taschengeldes. Jeder in der Familie sollte ein Taschengeld haben, wirklich jeder. Diese Summe, mag sie noch so gering sein, kann die Möglichkeit haben, dem Druck der »normalen« Ausgaben zu entkommen und sich selbst oder dem Ehepartner eine Überraschung zu bereiten.

Unser Ziel ist es, das wirklich zu genießen, was Gott uns gegeben hat, und ihn darum zu bitten, daß wir damit zufrieden sein können (Philipper 4,11–12).

1. Wem gehört das Geld? Dem Mann? Der Frau? Beiden? Wer wird bestimmen, wie es ausgegeben wird? Warum?

____

____

____

____

2. Wenn Sie beide arbeiten, wird dann jeder von Ihnen bestimmen, wie sein eigenes Gehalt ausgegeben wird? Werden Sie alles zusammenwerfen und gemeinsam entscheiden? Oder haben Sie eine ganz andere Methode ins Auge gefaßt?

____

____

____

____

3. Wer wird die Rechnungen bezahlen? Wer wird die Lebensmittel einkaufen? Wer wird darauf achten, was für die einzelnen Familienglieder an Kleidung gekauft werden muß?

____

____

____

4. Wer muß sich darum kümmern, wenn Sie kein Geld mehr haben?

____

____

5. Wieviel Prozent Ihres Geldes werden Sie als Spenden weggeben? Wer wird entscheiden, wen Sie auf diese Weise unterstützen wollen?

____

____

____

6. Mit welchem Einkommen rechnen Sie in den nächsten Jahren? Was werden Sie mit dem machen, was Sie übrighalten?

____

____

____

Zur weiteren Lektüre

Lachmann, Werner: *Geld – und wie man damit umgeht*, Brunnen-Verlag, Gießen 1989

Burkett, Larry: *Ratgeber Christ und Geld*, Klaus Gerth Verlag, Aßlar, 2. Auflage 1990

Foster, Richard: *Geld, Sex und Macht*, Oncken Verlag, Wuppertal und Kassel, 2. Auflage 1993

Müller, Harry: *Eheseminar mit Pfiff. Damit die erste Ehe die einzige bleibt*, Hänssler-Verlag, Neuhausen-Stuttgart 1992

Sider, Ronald: *Der Weg durchs Nadelöhr. Reiche Christen und Welthunger*, Aussaat Verlag, Neukirchen-Vluyn, 5. Auflage 1986

7. Umgang mit der Zeit

Wir meinen oft, Geld sei das Wertvollste, was wir haben. Doch für manchen von uns ist Zeit in Wirklichkeit viel wertvoller als Geld. Wir hasten und hetzen und jagen Terminen nach, und mancher von uns würde einem Freund lieber einen Zehnmarkschein als eine Stunde Zeit schenken. Vielleicht sollten wir uns auch in dieser Hinsicht Jesu Worte aus Johannes 15,13 merken: »Niemand hat größere Liebe als die, daß er sein Leben läßt für seine Freunde.« Vermutlich werden wir nie in eine Situation geraten, in der wir vor der Entscheidung stehen, für unseren Ehepartner zu sterben. Aber mit Sicherheit wird immer wieder von uns erwartet werden, daß wir Dinge drangeben, um Zeit für den Partner zu haben.

1. Wieviel Zeit werden Sie Ihrer Schätzung nach durchschnittlich pro Woche gemeinsam verbringen?

____

2. Wieviel Zeit werden Sie für Gemeindeaktivitäten einsetzen?

____

Für Freunde?

____

Für Ihre Kinder?

____

Für die Hausarbeit?

Für Hobbys?

---

3. Was machen Sie gern in Ihrer Freizeit?

---

4. Was ist Ihre Idealvorstellung von einem »schönen freien Tag«? Einem »schönen freien Abend«?

---

5. Wie möchten Sie den Urlaub verbringen?

Zur weiteren Lektüre

Staub, Fredy: *Zielorientiert leben*, Verlag der Liebenzeller Mission, Bad Liebenzell 1990

8. Geistlich wachsen in der Ehe

Dieses Arbeitsbuch ist in Kapitel eingeteilt, damit wir die wichtigsten Bereiche des Ehelebens einigermaßen systematisch besprechen können. Nun ist allerdings das geistliche Wachstum nicht ein eigener Bereich, der von allen anderen isoliert ist. Im Gegenteil, unser Leben in Christus sollte jeden Aspekt unseres Denkens und Tuns durchdringen. Wir brauchen Kanäle, durch die Gott täglich in unser Leben hineinwirken kann. Drei solcher Kanäle erscheinen uns am wichtigsten: persönliche »Stille Zeit« mit Bibellesen und Beten, Bibellesen und Gebet in der Familie, Mitarbeit in einer Gemeinde.

Wie jeder Partner nach der Hochzeit weiterhin persönliche Freunde braucht, so braucht jeder weiterhin eine persönliche Beziehung zu Gott. Die persönliche Stille Zeit gehört mit zum Wichtigsten in Ihrer Ehe. Doch das wird nicht immer so sein. Wir hatten gegen Faulheit wie gegen Gesetzlichkeit zu kämpfen. »Ich bleibe heute morgen lieber noch etwas länger im Bett, anstatt meine Stille Zeit zu halten«, war der eine Pol; »Gott liebt mich nicht, wenn ich nicht jeden Morgen meine Stille Zeit halte«, der andere. Beide Extreme sind falsch.

Der Wendepunkt kam für uns, als wir davon überzeugt wurden, daß das Lesen des Wortes Gottes und einige Zeit im persönlichen Gebet zu den vorrangigen Dingen unseres täglichen Lebens gehören sollte. Daraufhin verpflichteten wir uns, einander zu helfen, daß wir die Zeit dazu fanden. Gelegentlich kommen wir einen oder zwei Tage nicht dazu, aber dann sorgen wir dafür, daß wir wieder in den Rhythmus kommen. Das kann bedeuten, daß Bob sich um die Kinder kümmert oder den Abwasch erledigt, während

Alice sich eine stille Ecke sucht. Oder daß Alice versucht, die Kinder ruhig zu halten, damit Bob sich für eine halbe Stunde zurückziehen und konzentrieren kann. Wir haben festgestellt, daß dieses Prinzip uns nicht nur in unserem persönlichen Wachstum gefördert hat, sondern daß wir dadurch auch als Paar zusammengewachsen sind.

Natürlich ist das geistliche Wachstum auch Familiensache. Wir haben gelernt, daß unsere Familienandacht flexibel sein muß. Wir mußten ausprobieren, lernen und uns anpassen, weil sich unsere Wohnverhältnisse, die Arbeitsstelle und die Kinder änderten. Manchmal unterhalten wir uns während einer Mahlzeit über einen Bibeltext oder einen biblischen Gedanken. Manchmal benutzen wir ein Andachtsbuch. Manchmal beten wir nur zusammen. Es gibt auch Zeiten, da brauchen wir eine Pause von den gewöhnlichen Andachten. Es ist jedoch immer unser Ziel, durch unsere Gespräche einander zu helfen, den Herrn besser kennenzulernen und die Bibel in unser tägliches Leben einzubeziehen.

Neben der persönlichen Beziehung zu Gott und der Familienandacht ist ein dritter Kanal, durch den Gott uns stärken will, die Gemeinde. Wir können nicht genug betonen, wie wichtig es ist, sich verbindlich einer Gemeinschaft von Christen in der eigenen Stadt anzuschließen. Die Bibel sagt deutlich: »Laßt uns aufeinander achtgeben und uns anspornen zur Liebe und zu guten Werken. Verlaßt eure Gemeindeversammlungen nicht, wie es sich einige angewöhnt haben, sondern ermahnt euch gegenseitig, und das um so mehr, als ihr seht, daß sich der Tag naht« (Hebräer 10,24–25).

1. Was ist bisher Ihre Erfahrung mit der Stillen Zeit gewesen?

Was würden Sie nach Ihrer Hochzeit gern in dieser Hinsicht tun?

Wie kann Ihnen Ihr Partner helfen, täglich Stille zu finden?

2. Lesen Sie 5. Mose 6,4–9. Was ist der Sinn der Familienandacht? Was gehört alles dazu? Wie, meinen Sie, können Sie den Aufforderungen dieses Bibeltextes Folge leisten?

Wer wird für Ihre Familienandacht zuständig sein? Warum?

Soll sie eine feste Form haben oder nicht?

3. Welche Art von Gemeinde oder Kirche hilft Ihnen geistlich gesehen am meisten (groß, klein; Volkskirche, Freikirche; liturgisch, spontan)?

Welchen Standpunkt sollte die Gemeinde, der Sie sich anschließen, zu wichtigen lehrmäßigen Fragen einnehmen (Göttlichkeit Christi, Autorität der Heiligen Schrift usw.)?

Glauben Sie, daß Jesus der einzige Weg zu Gott ist? Wie wird das Ihre Gemeindezugehörigkeit und Ihr Familienleben beeinflussen?

Warum gehen Sie zur Kirche? Beschreiben Sie, wie Sie sich Ihr Engagement in der Gemeinde vorstellen!

Zur weiteren Lektüre

Kuen, Alfred: *Mit Gewinn die Bibel lesen*, Bibellesebund, Winterthur 1979

Trobisch, Walter: *Kleine Therapie für geistliche Durststrekken*, R. Brockhaus Verlag, Wuppertal und Zürich, 7. Auflage 1990

Tobler, Gustav: *Lebenswerter Leben*, Bd. 1–3, Saatkorn-Verlag, Hamburg o.J.

Thiele, Johannes (Hrsg.): *Das große Hausbuch*, Kreuz Verlag, Stuttgart 1991

9. Stimmungen und Gefühle

Bestimmt sind in Ihrer Beziehung schon die ersten Tränen geflossen. Wenn nicht, dann machen Sie sich darauf gefaßt! Vor allem rechnen Sie aber mit einer Überraschung, wenn Sie Ihrer Geliebten ein Tempotuch gereicht haben und dann erfahren, warum sie Tränen vergossen hat! Tränen entspringen eben nicht nur schmerzlichen Empfindungen, sondern sie können auch durch ein Gefühl der Freude ausgelöst weden - durch alle möglichen Emotionen, die einfach ein Ventil brauchen. (Im übrigen neigt sich die Epoche, in der der Satz galt »Indianer, Jungen und Männer weinen nicht« offenbar glücklicherweise ihrem Ende zu!)

Wenn es eine Möglichkeit gäbe, unsere individuellen Stimmungen und Gefühle sichtbar zu machen, dann würden mit Sicherheit alle Menschen gefühlsmäßig ebenso unterschiedlich »aussehen«, wie sie es physisch tun. Es wird eine Ihrer Aufgaben in der Ehe sein, die emotionale Beschaffenheit Ihres Partners, die der Schöpfer ihm gegeben hat, kennenzulernen und zu fördern.

Bedenken Sie, daß Gefühle, Tränen und Gemütsbewegungen an sich nicht richtig oder falsch, recht oder unrecht sind. Sie sind das Barometer dessen, was in einem Menschen vorgeht. Was diese Emotionen hervorruft und was wir dann damit machen, darauf kommt es an. So sagt die Bibel beispielsweise: »Zürnt ihr, so sündigt nicht« (Epheser 4,26; Psalm 4,5). Das Gefühl des Zorns ist an sich keine Sünde. Ob wir sündigen oder nicht, hängt davon ab, was wir mit unserem Zorn machen. Können wir ihn äußern, ohne den anderen zu verletzen? Ein anderes Beispiel ist Jeremia, der in Klagelieder 3,17 von seiner Niedergeschlagenheit und Freudlosigkeit spricht: »Meine Seele ist aus dem Frieden vertrieben; ich habe das Gute vergessen.« Diese Gefühle sind nicht Sünde. Wichtig ist, was Jeremia mit seinen Gefühlen machte.

In Ihrer Ehe wird es Ängste, Frustrationen und Spannungen geben, die jeder von Ihnen für sich erleben wird. Ziel der Ehe darf es nicht sein, den Partner der eigenen emotionalen Grundstruktur anzupassen. Wir müssen vielmehr die Gefühle des anderen zu verstehen versuchen, müssen Verständnis dafür aufbringen lernen, warum der Partner in einer bestimmten Weise gefühlsmäßig reagiert, und dann einander dabei helfen, mit diesen Gefühlen richtig, das heißt in Christus gemäßer und Gott gehorsamer Art umzugehen. Dazu werden Sie vermutlich viele Fragen stellen müssen. Sie werden zuhören müssen, ohne zu verurteilen. Sie werden behutsame Vorschläge machen können – doch die Veränderungen werden Sie dem Heiligen Geist überlassen müssen.

Unterhalten Sie sich zunächst einmal über die beiden folgenden Checklisten:

1. Ich halte mich selbst für

- □ launisch
- □ leicht erregbar
- □ ruhig
- □ empfindsam
- □ anpassungsfähig
- □ beständig
- □ unempfindlich
- □ streng
- □ fröhlich
- □ traurig

Kreuzen Sie an, welche dieser Eigenschaften auf Sie zutreffen, und fügen Sie andere hinzu.

Nennen Sie für jede zutreffende Eigenschaft wenigstens ein Beispiel, wie sie sich konkret bei Ihnen geäußert hat und warum Sie so empfunden und gehandelt haben.

____

____

____

____

____

____

____

____

2. Ich halte meine(n) Verlobte(n) für

- □ launisch
- □ leicht erregbar
- □ ruhig
- □ empfindsam
- □ anpassungsfähig
- □ unbeständig
- □ unempfindlich
- □ streng
- □ fröhlich
- □ traurig

Kreuzen Sie an, welche dieser Eigenschaften auf Ihre(n) Verlobte(n) zutreffen, und fügen Sie andere hinzu.

Nennen Sie für jede zutreffende Eigenschaft wenigstens ein Beispiel, wie sie sich konkret bei Ihrer (Ihrem) Verlobten geäußert hat und warum sie (er) wohl so empfunden und gehandelt haben mag.

3. Mein größtes emotionales Bedürfnis ist:

4. Das größte emotionale Bedürfnis meines Partners ist:

5. Lesen Sie Psalm 77. Beschreiben Sie die Gemütsverfassung dieses Beters in den Versen 1–11!

Wann fühlen Sie sich ähnlich?

Welcher Gedanke in den Versen 12–21 hilft dem Beter des Psalms, seine Verzweiflung in Hoffnung zu verwandeln?

Was tröstet Sie, wenn Sie verzweifelt sind?

6. Lesen Sie als Kontrast zu Psalm 77 den Psalm 149. Beschreiben Sie die Gemütsverfassung dieses Beters.

Wann haben Sie das Bedürfnis, Gott singend, musizierend und tanzend zu loben?

Schreiben Sie einen kurzen Lob- und Freudenpsalm über Ihre Verlobung.

7. Wie gut gelingt es Ihnen, Freude, Traurigkeit und Zorn auszudrücken? Wie gut schafft das Ihr(e) Verlobte(r)? Was können Sie tun, um sich gegenseitig in diesem Bereich in Ihrer Ehe zu helfen?

Zur weiteren Lektüre

Hallesby, Ole: *Dein Typ ist gefragt. Unsere Veranlagungen und was wir daraus machen*, R. Brockhaus Verlag, Wuppertal und Zürich, 6. Auflage 1988

Trobisch, Walter: *Liebe dich selbst. Selbstannahme und Schwermut*, R. Brockhaus Verlag, Wuppertal und Zürich, 19. Auflage 1989

10. Die körperliche Beziehung während der Verlobungszeit

Man sollte eigentlich meinen, dank der vielzitierten »sexuellen Befreiung« seien junge Paare heute besser denn je vorbereitet, ihre Ehe von Anfang an in sexueller Hinsicht als beglückend zu erleben. Schreiende Plakate, eine erotische Werbung und Filme »nur für Erwachsene« haben jedoch wenig mit der Wirklichkeit der Ehe zu tun. Sie haben uns den Blick dafür getrübt, wie schön es ist, in die geschlechtliche Gemeinschaft der Ehe hineinzuwachsen, wie es die Bibel beschreibt.

In der Bibel wird für den Geschlechtsverkehr oft das Wort »erkennen« gebraucht (zum Beispiel 1. Mose 4,1: »Und Adam erkannte sein Weib Eva, und sie ward schwanger ...«). Dies ist ein schöner Hinweis darauf, daß Sexualität über das rein Körperliche hinausgeht, daß die Freude an der Geschlechtlichkeit mit dem immer besseren Kennenlernen des Partners wächst und der Geschlechtsverkehr nur im Rahmen der geborgenen und vertrauten Partnerschaft einer Ehe seine eigentliche Erfüllung erreicht.

Wie in anderen Bereichen der Ehe, werden Sie auch auf dem Gebiet der Sexualität lernen und wachsen. Sie werden Fehler machen und sich korrigieren lassen müssen. Sie sollten während Ihrer Verlobungszeit auch viel über diesen Lebensbereich sprechen und sich darüber unterhalten, was Sie in Ihrer Ehe erwarten, wünschen und zu geben bereit sind. Die Verlobungszeit sollte eine Zeit sein, in der Sie sich immer näher kommen. Bis zu einem gewissen Grad wird sich dieses Näherkommen auch auf einer körperlichen Ebene abspielen.

Im Gegensatz zu unserer Gesellschaft sind wir jedoch überzeugt, daß die Bibel die völlige körperliche Intimität der Ehe vorbehält. Oft fragen Verlobte: »Warum sollten wir mit dem Geschlechtsverkehr bis zur Ehe warten? Wir sind doch nun eine feste Bindung eingegangen?« Das ist eine schwierige Frage. Die Bibel gibt keine ausdrücklichen Anweisungen für die Zeit des Kennenlernens und der Verlobung. Aber das Schweigen der Bibel zu diesem Fragenkreis bedeutet nicht, daß es Gott gleichgültig ist, wie wir unsere Beziehung gestalten, solange wir »zusammen gehen« oder verlobt sind. Unsere Beziehung vor der Ehe soll uns in all ihren Facetten auf eine biblisch fundierte Beziehung in der Ehe vorbereiten.

Die Bibel sagt klar, daß zu den sexuellen Beziehungen in der Ehe drei Merkmale gehören: Sie sind exklusiv, ganz offen und vertrauensvoll (intim) und auf lebenslange Dauer angelegt. Im Alten und Neuen Testament werden Ehebruch, vorehelicher Geschlechtsverkehr, Prostitution und Vergewaltigung verboten. Sprengen wir in unserer Verlobungszeit diesen Rahmen, nennt die Bibel das Sünde.

Unsere Gesellschaft verkündet, Liebe sei die einzige Vorbedingung für den Geschlechtsverkehr. Die Bibel lehrt, daß die vorbehaltlose Bindung an den Partner, wie sie nun einmal die Ehe darstellt, die Voraussetzung für den Geschlechtsverkehr ist. Spitzfindige Argumente (»Wir lieben einander doch und werden nächsten Monat heiraten«) und gesellschaftlicher Druck (»Alle anderen tun es doch auch«) müssen beiseitegeschoben werden, wenn wir dem Herrn der Heiligen Schrift gehorchen wollen.

Das christliche Paar, das beschlossen hat, mit dem Geschlechtsverkehr bis zur Ehe zu warten, mag dann vielleicht fragen: »Was ist denn während der Verlobungszeit gestattet?« Auch das ist eine schwierige Frage! Allerdings:

Wer nun einmal zur vorehelichen Enthaltsamkeit ja gesagt hat, der wird sich vor allzu weitgehenden Liebkosungen und körperlichen Kontakten hüten müssen. Walter Trobisch hat auf diese Frage einmal geantwortet, Zärtlichkeiten würden dann »gefährlich«, wenn man sich zusammmen hinlege oder auch nur ansatzweise beginne, sich auszuziehen. Er sagte weiter: »Es ist sehr schwierig, allgemeingültige Regeln aufzustellen, die für jedermann zutreffen würden. Doch folgendes kann richtungsweisend sein: Wer das empfindsamere Gewissen hat, sollte dem anderen helfen.« Wir möchten noch einen weiteren Leitsatz hinzufügen: »Im Zweifelsfalle nie.« Man ist nicht vor Gott verheiratet, wenn man miteinander schläft. Die Ehe für Christen beginnt vor Zeugen auf dem Standesamt und in der Kirche.

Überhaupt ist die Frage: »Womit kommen wir gerade noch durch?« eigentlich unangemessen. Wir sollen lieber fragen: »Wie können wir die Verlobungszeit nutzen, um uns auf das bestmögliche Erleben der Sexualität in der Ehe vorzubereiten?« Wir haben viele Ehepaare nach den eigenen Erfahrungen gefragt, und immer wieder gehört: »Warten ist die beste Vorbereitung.« Wir haben noch nie ein Paar getroffen, das es bereut hat, gewartet zu haben – nicht nur mit dem Geschlechtsverkehr, sondern auch mit anderen intimen Zärtlichkeiten. Wir sind jedoch vielen Paaren begegnet, die es bedauerten, daß es vor der Ehe zu so viel körperlicher Intimität gekommen war. Jeder Mensch hat ein von Gott geschenktes Schamgefühl. Wird es durch die voreheliche, intime Beziehung verletzt, hat das Folgen in der Ehe. Ein Satz wird im Hohelied Salomos dreimal wiederholt: »Ich beschwöre euch, daß ihr die Liebe nicht aufweckt und stört, bis es ihr selbst gefällt.«

Wer die intime Beziehung zu früh »aufweckt« und die geistige und geistliche Beziehung schlafen läßt, kann nur auf Umwegen zu einer vollkommenen und freien Hinwendung zum Partner kommen.

Die Sexualmoral unserer Gesellschaft ändert sich ständig. Christliche Paare haben zwar feste biblische Normen, an die sie sich halten können, aber sie geraten unweigerlich ins Kreuzfeuer säkularer Argumente. Deshalb lassen sich keine starren Regeln für die Verlobungszeit aufstellen. Manche Paare sind so übervorsichtig, daß sie Hilfe brauchen, um den Weg in die Freiheit der Ehe zu finden. Andere Paare sind das genaue Gegenteil und müssen zunächst einmal um Vergebung für vergangene Sünden bitten und dann beginnen, eine gesunde, biblische Haltung der Sexualität gegenüber aufzubauen.

Unter Berücksichtigung dieser Einschränkungen wollen wir im folgenden einige allgemeine Leitlinien geben, die Sie auf Ihre eigene Partnerschaft anwenden können. Wir wünschen Ihnen, daß Sie mit derselben Freude die Ehe beginnen, die Sulamit im Hohenlied ausdrückt: »Mein Freund komme in seinen Garten und esse von seinen edlen Früchten« (Hoheslied 4,16).

1. Ausgehend von der biblischen Anweisung, daß die »Ehe in Ehren gehalten werde« und das »Ehebett rein bleiben« soll (Hebräer 13,4), besprechen Sie offen miteinander, welche körperlichen Ausdrucksformen Ihrer Liebe nach Ihrem Bibelverständnis der Ehe vorbehalten bleiben sollen. Bekennen Sie, jeder für sich oder gemeinsam, wo Sie gesündigt haben.

2. Sagen Sie einander, welche Situationen oder Gesprächsthemen, welche Kleidung oder welches Verhalten Sie zu sehr stimulieren, so daß es Ihnen schwergemacht wird, bis zur Ehe zu warten.

Vermeiden Sie Situationen, die Sie zu sehr stimulieren. (Wir meinen wirklich *vermeiden*! Wir kennen unverheiratete christliche Paare, die Gott danken, daß sie im gleichen Bett schlafen können, ohne miteinander zu schlafen. Das halten wir für ein Spiel mit dem Feuer, und es widerspricht dem Geist der göttlichen Gebote, wenn auch der Buchstabe befolgt wird. Lassen Sie sich während Ihrer Verlobungszeit nicht auf intime Situationen ein, die Ihre Kräfte übersteigen!)

3. Sprechen Sie miteinander über Möglichkeiten, Ihre Liebe auszudrücken, ohne daß es zu einem Zuviel an körperlicher Nähe kommt. So kann beispielsweise eine liebevolle Umarmung am frühen Abend das »Ich liebe dich« so deutlich zum Ausdruck bringen, daß eine intimere Demonstration der Liebe später am Abend gar nicht mehr so nötig ist.

4. Eine gute Vorbereitung auf die Ehe kann es auch sein, gemeinsam laut ein gutes Ehe- und Aufklärungsbuch zu lesen. Am Schluß dieses Kapitels finden Sie einige Vorschläge. Wenn Sie einander laut vorlesen, hören Sie sich selbst vielleicht Ausdrücke verwenden, die Ihnen seltsam, ja sogar gewagt vorkommen. Indem Sie aber die treffendsten Ausdrücke für den sexuellen Lebensbereich verwenden lernen, wird es Ihnen leichter fallen, sich ehrlich und präzise über Ihre eigenen Vorstellungen und Wünsche zu unterhalten. (Vermutlich sollten Sie allerdings die Fülle Ihres Lesestoffes während Ihrer Verlobungszeit begrenzen. Je nachdem, wieviel Sie vorher gelesen oder miteinander besprochen haben, könnten Sie nämlich feststellen, daß selbst biblisch fundierte Bücher über Sexualität zu stimulierend für Ihre Beziehung sind. Vielleicht warten Sie dann damit bis kurz vor der Hochzeit. Und gewiß werden Sie auch später noch viel Zeit haben, solche Bücher zu lesen.)

5. Erinnern Sie einander ständig daran, daß das Schönste noch kommen wird. Die sexuellen Spannungen machen

diese Phase Ihrer Beziehung zu einer der schwierigsten. Erinnern Sie sich gegenseitig daran, daß dieser Zustand nicht ewig währen wird. Was für eine Freude werden Sie in der Hochzeitsnacht und danach erleben, wenn Sie sagen können: »Darauf haben wir die ganze Zeit gewartet!«

Sie sollten ferner miteinander über folgende Fragen sprechen:

1. Welche Art des körperlichen Kontaktes haben Sie in Ihrer Beziehung bisher am liebsten gehabt?

---

2. Ihre körperlichen Kontakte steuern ja auf die volle körperliche Vereinigung in der Ehe zu. Gibt es in dieser Hinsicht bei Ihnen irgendwelche Ängste?

Wie können sie überwunden werden?

---

3. Worauf freuen Sie sich in bezug auf Ihre sexuelle Beziehung innerhalb der Ehe am meisten?

4. Wie denken Sie über Empfängnisverhütung? Halten Sie sie in erster Linie für die Aufgabe des Mannes oder der Frau? Erwarten Sie, daß Sie sich bei einer bestimmten Methode am wohlsten fühlen? Bei welcher? Möchten Sie verschiedene Methoden der Empfängnisverhütung kombinieren?

Wir empfehlen Ihnen dringend, daß Sie mit Ihrem Arzt und Ihrem Eheberater verschiedene Methoden der Empfängnisverhütung durchsprechen. Darüber hinaus sollten Sie ein oder zwei gute Bücher zum Thema »Empfängnisverhütung« lesen. Wir empfehlen Ihnen, auch die Methode in Erwägung zu ziehen, die Ingrid Trobisch in *Mit Freuden*

Frau sein, Bd. I und II, beschreibt. Selbst wenn Sie sich nicht für diese Methode entscheiden, wird Ihnen das Buch ein größeres Verständnis geben für die Veränderungen, die sich jeden Monat im Körper der Frau vollziehen.

Zur weiteren Lektüre

Verhalten vor der Ehe

Trobisch, Walter: *Ich liebte ein Mädchen. Ein Briefwechsel,* Verlag Vandenhoeck & Ruprecht, Göttingen, 14. Auflage 1989

Trobisch, Walter: *Liebe ist ein Gefühl, das man lernen muß,* R. Brockhaus Verlag, Wuppertal und Zürich, 18. Auflage 1992

Furch, Wolfgang (Hrsg.): *Warum bis zur Ehe warten?,* R. Brockhaus Verlag, Wuppertal und Zürich, 3. Auflage 1992

Sexualität in der Ehe

LaHaye, Tim und Beverly: *Wie schön ist es mit dir,* Verlag Klaus Gerth, Aßlar, 5. Auflage 1992

Dillow, J.C.: *Und die zwei werden sein ein Fleisch,* Leonis-Verlag, Zürich 1992

Bovet, Theodor: *Die Ehe,* Katzmann Verlag, Tübingen, 3. Auflage 1984

Empfängnisverhütung

Trobisch, Ingrid: *Mit Freuden Frau sein, Bd. I,* R. Brockhaus Verlag, Wuppertal und Zürich, 25. Auflage 1990

Trobisch, Ingrid / Rötzer, Elisabeth: *Mit Freuden Frau sein, Bd. II,* R. Brockhaus Verlag, Wuppertal und Zürich, 13. Auflage 1990

Windecker, Ottfried: *Geburtenregelung für Christen,* Schwengeler-Verlag, CH-Berneck, 3. erweiterte Auflage 1988

Rötzer, Josef: *Natürliche Empfängnisregelung,* Herder Verlag, Wien, 20. Auflage 1990

11. Die Hochzeitsfeier

Eine Hochzeit gleicht in gewisser Hinsicht einer Schulabschlußfeier. In einer großen Zeremonie wird offiziell die vorausgegangene Arbeit an einer Sache bestätigt und ein neuer Lebensabschnitt eingeleitet.

Solche öffentlichen Feiern gab es schon zur Zeit des Alten Testaments bei vielen wichtigen Gelegenheiten. Obwohl diese »Feiertage« funktionell nicht nötig waren, bekräftigten sie die Bedeutung dessen, was gefeiert wurde. Es ist bezeichnend, daß die triumphale Vereinigung Jesu Christi mit seiner Gemeinde in Offenbarung 19 als Hochzeitsfeier beschrieben wird.

Wie Sie Ihre Hochzeit feiern wollen, ob einfach oder extravagant, mit wenigen oder vielen Freunden, still oder mit Pauken und Trompeten – sorgen Sie dafür, daß Ihre Hochzeit Ihr uneingeschränktes und bedingungsloses Ja zueinander zum Ausdruck bringt und den Dank Gott gegenüber, der Sie zusammengeführt hat.

1. Für wen ist die Hochzeit Ihrer Meinung nach in erster Linie da?

- ☐ die Braut
- ☐ den Bräutigam
- ☐ Braut und Bräutigam zusammen
- ☐ Ihre Eltern
- ☐ Ihre Freunde
- ☐ die Kirche
- ☐ den Staat
- ☐ andere

2. Wer wird bei den Entscheidungen in bezug auf Ihre Hochzeitsfeier das letzte Wort haben?

- □ die Braut
- □ der Bräutigam
- □ Braut und Bräutigam zusammen
- □ die Mutter der Braut
- □ der Pfarrer
- □ der Vater der Braut
- □ die Eltern des Bräutigams
- □ andere

Denken Sie daran, daß in jeder Familie viele Hochzeitstraditionen in Ehren gehalten werden. Ganz gleich, wer seine Vorstellungen von einer Hochzeitsfeier verwirklicht, die Entscheidungen sollten Respekt und Liebe für jeden Beteiligten beweisen. Nicht jede Entscheidung wird jedermann gefallen. Es ist deshalb wichtig, daß Sie jetzt besonders liebevoll und ehrlich mit Ihren Eltern umgehen.

3. Wer wird die Hochzeit bezahlen?

____

Schreiben Sie alle Ausgaben für Ihre Hochzeit auf. Denken Sie an den Empfang, Blumen für die Kirche, kleine »Aufmerksamkeiten« für besondere Dienste usw. Notieren Sie, welche Ausgaben unumgänglich sind und auf welche Sie im Notfall verzichten können. Sprechen Sie Ihre Liste mit demjenigen durch, der die Rechnungen bezahlen wird.

____________________ ____________________

____________________ ____________________

4. Welche Atmosphäre soll bei Ihrer Hochzeit herrschen? Soll es ruhig zugehen, persönlich, fröhlich, feierlich, festlich?

Welche Elemente können Sie in die Feier einfügen, um diese Atmosphäre zu schaffen?

5. Welche Rolle wird Musik auf Ihrer Hochzeit spielen? Welche Lieder sollen gesungen werden?

____

____

____

____

6. Welche Rolle werden Kleider, Blumen, Kerzen und Schmuck auf Ihrer Hochzeit spielen?

____

____

____

7. Wir empfehlen Ihnen, Ihr eigenes Ehegelöbnis zu formulieren und aufzuschreiben. Das kann ganz wichtig für Ihre Beziehung sein, und Sie können in Ihrem gemeinsamen Leben immer wieder darauf zurückkommen. Wenn Sie sich diesen Vorschlag zu eigen machen wollen, dann versuchen Sie, sich an die wichtigsten Dinge zu erinnern, die Sie in der Vorbereitung auf Ihre Ehe besprochen haben. Welches sind Ihre vorrangigen Ziele und Werte?

____

____

____

Formulieren Sie diese nun als Versprechen, das Sie einander geben.

8. Was soll der Pastor in seiner Trauansprache betonen?

Besprechen Sie diese Dinge so früh wie möglich mit demjenigen, der Sie trauen wird, damit er sich entsprechend vorbereiten kann. Sollte er irgendwelche Bedenken und Einwände haben, nehmen Sie diese ernst!

9. Denken Sie darüber nach, wie die verschiedenen Gäste (auch Ihre Familie) wohl auf Ihr Programm reagieren werden. Gibt es etwas, was unnötig jemanden vor den Kopf stoßen könnte?

____

____

(Nach unserer Erfahrung ist das wirksamste Zeugnis der Liebe Gottes eine Trauung, in der Gott von Herzen gedankt wird, und nicht eine Trauung, die zur Evangelisation »umfunktioniert« wird.)

10. Wie können Sie erreichen, daß Ihre Feier anderen das mitteilt, was Sie gern mitteilen möchten?

____

____

____

Zur weiteren Lektüre

Standesämter und Banken haben kostenlose Unterlagen, die helfen können, die notwendigen Papiere zur standesamtlichen Trauung nicht zu übersehen und die auch auf die Ausstattung einer Hochzeitsfeier eingehen.

12. Flitterwochen

Wenn die Wochen der Vorbereitung, die Trauung und die Hochzeitsfeier vorbei sind, werden Sie erschöpft sein! Mit Sicherheit werden Sie sich danach sehnen, allein zu sein und Ihre wohlverdienten Flitterwochen anzutreten. Doch welch eine Überraschung muß einer unserer Freunde erlebt haben, der nach der Rückkehr von seiner Hochzeitsreise ehrlich bekannte: »Ich bin so froh, daß ich außer meiner Frau wieder andere Menschen sehe. Es ist uns so allein schrecklich langweilig geworden!«

Wie tief Ihre Liebe auch sein mag, und wie sehr Sie sich auch freuen mögen – eine Hochzeitsreise will von beiden sorgfältig geplant sein. Denken Sie über die folgenden Vorschläge nach, wenn Sie sich einige Wochen vor Ihrer Hochzeit hinsetzen und Ihre Hochzeitsreise planen.

1. Sagen Sie einander ehrlich und konkret, was Sie von Ihrer Hochzeitsreise erwarten und was Sie unternehmen möchten. Haben Sie den Mut, Ihre eigenen Wünsche zu äußern und nicht aus lauter Verliebtheit nur das zu sagen, was der andere Ihrer Meinung nach von Ihnen hören möchte.

2. Planen Sie Ihre Hochzeitsreise so, daß Sie auch genügend Zeit zur Ruhe und Entspannung haben. Sie werden beides brauchen! Dies ist nicht die richtige Gelegenheit, die Kulturdenkmäler Europas abzuklappern.

3. Es gibt Paare, die sich über die Stille und Abgeschlossenheit einer Berghütte freuen; doch viele ziehen einen Ort vor, wo sie Menschen treffen können, wenn ihnen danach zumute ist. Manche entscheiden sich sogar für Flitterwochen in ihrem neuen Heim. Worauf Sie sich auch einigen mögen, nehmen Sie sich vor, wenigstens einige Male aus-

wärts zu essen, einige Sehenswürdigkeiten anzusehen oder einige Male einen Stadtbummel zu machen! Wenn eben möglich, sollte die frischgebackene Ehefrau in den Flitterwochen nicht dreimal täglich kochen müssen, es sei denn, sie kocht liebend gern oder es ist finanziell nicht anders möglich. (Und selbst wenn sie gern kocht, spült sie bestimmt nicht gern!)

4. Überlegen Sie sich, wieviel Ihre Hochzeitsreise kosten darf, und dann geben Sie diesen Betrag auch fröhlich aus! Wenn Sie jeden Pfennig umdrehen müssen, dann gehen Sie lieber an einen preiswerten Ort, wo Sie für das gleiche Geld mehr bekommen! Doch denken Sie daran, daß dies vermutlich das letzte Mal in Ihrer Ehe ist, daß Sie so sorglos leben können! Sie sollten sich auf Ihrer Hochzeitsreise auch einiges Besonderes leisten, selbst wenn Sie dann nur etwas kürzer fahren können. Und sprechen Sie offen über Ihre Finanzen! Auch hier wird ein Taschengeld jedem helfen, sich auch das Andenken zu kaufen, für das der andere kein Verständnis hat.

5. Machen Sie sich vorher Gedanken über die Hochzeitsnacht! Wir haben festgestellt, daß es für die meisten jungen Paare eine Befreiung von Ängsten und Verkrampfung bedeutet, wenn man vorher darüber gesprochen hat, was jeder von beiden möchte und erwartet. Besprechen Sie lange im voraus, wie Sie sich den Abend und die Nacht nach Ihrer Hochzeit vorstellen! Dadurch wird der Abend vermutlich gerade romantischer, weil Sie keine Angst vor dem Unbekannten zu haben brauchen. Denken Sie übrigens daran, daß es dem Mann normalerweise leichter fällt, sich vor der Frau auszuziehen, als der Frau vor dem Mann. Vielleicht entschließen Sie sich, allein im Bad in Ihr Nachthemd oder Ihren Schlafanzug zu schlüpfen und dann so zu Ihrer ersten gemeinsamen Nacht zu erscheinen. Vielleicht

beschließen Sie sogar, in der ersten Nacht noch keinen Geschlechtsverkehr zu haben. Es gibt soviel zu entdecken, daß Sie sich ruhig Zeit nehmen sollten. Im übrigen sind Sie vermutlich so müde, daß es gar keine schlechte Idee ist, sich zunächst einmal gründlich auszuschlafen. Was Sie auch beschließen mögen, denken Sie daran, daß Sie niemandem Rechenschaft schuldig sind, keinem Leistungszwang unterliegen oder irgendein Buch oder einen anderen Menschen zu kopieren brauchen! Wenn Sie im voraus offen und ehrlich darüber sprechen, dann kann Ihre Hochzeitsnacht für Sie beide ein fröhliches und unvergeßliches Erlebnis sein.

1. Was erwarten Sie von Ihrer Hochzeitsreise?

____

____

2. Was möchte jeder von Ihnen am liebsten während der Flitterwochen unternehmen?

___

___

___

3. An was für einen Ort möchten Sie reisen? An einen Ort, wo möglichst viel oder möglichst wenig Leute sind?

___

___

Wieviel Geld können Sie ausgeben?

___

Wie lange sollen Ihre Flitterwochen dauern?

___

Wieviel möchten Sie unternehmen (Sehenswürdigkeiten besichtigen usw.)?

___

___

Würden Sie lieber einmal in einem teuren Restaurant essen, oder lieber das Geld für zwei halb so teure Mahlzeiten ausgeben?

4. Was wird Ihnen in der Hochzeitsnacht helfen, Ihre bisherige Zurückhaltung aufzugeben und sich einander körperlich ganz hinzugeben?

Welche Rolle werden Zärtlichkeiten in Ihrer Hochzeitsnacht spielen?

Was erwarten Sie von sich selbst? Von Ihrem Partner? Was für Ängste haben Sie?

Zur weiteren Lektüre

LaHaye, Tim und Beverly: *Wie schön ist es mit dir,* Verlag Schulte und Gerth, Aßlar, 15. Auflage 1992

13. Lösen von Konflikten

Die Beziehung zwischen Ehepartnern entwickelt sich unmerklich zu einem festen Muster. Ohne uns ständig ängstlich selbst zu beobachten, müssen wir doch darauf achten, daß unsere Art, miteinander umzugehen, gesund und Gott wohlgefällig bleibt.

Schon nach wenigen Wochen oder Monaten des Ehelebens bewegt sich die Beziehung in den ersten festgefahrenen Gleisen. Dieses Kapitel und die nächsten beiden wollen Ihnen weiterhelfen, wenn Sie bereits einige Monate verheiratet sind.

Hier möchten wir Ihnen Mut machen, einmal ein paar Probleme anzupacken, die gerade in Ihrer Ehe aufgetaucht sind. Wir schlagen Ihnen vor, über drei Probleme nachzudenken; aber vielleicht fällt Ihnen nur eins ein: Wichtig ist, daß Sie ehrlich und offen über alles sprechen, was Ihnen einfällt.

1. Schreiben Sie drei wichtige oder weniger wichtige Dinge auf, die Sie seit Ihrer Hochzeit frustriert haben!

2. Was haben Sie selbst bei diesen Problemen empfun- und wie haben Sie darauf reagiert?

3. Unterhalten Sie sich gemeinsam über die Probleme und schreiben Sie auf, auf welche Schritte Sie sich geeinigt haben, um diese Probleme zu lösen.

4. Beenden Sie Ihr Problemlösungs-Gespräch damit, daß jeder dem anderen drei Dinge sagt, die er seit der Hochzeit am andern entdeckt hat und die er besonders an ihm liebt.

Zur weiteren Lektüre

Ruthe, Reinhold: *Duett statt Duell*, R. Brockhaus Verlag, Wuppertal und Zürich, 2. Auflage 1990

Müller, Harry: *Eheseminar mit Pfiff*, Hänssler-Verlag, Neuhausen-Stuttgart 1992

14. Sexualität in der Ehe

Wie war Ihre Hochzeitsnacht? So schön, wie Sie sie erwartet hatten? Vermutlich noch viel schöner. Vielleicht hat sie aber auch nicht Ihre Hoffnungen erfüllt.

Das Sich-aufeinander-Einspielen im sexuellen Bereich ist vielleicht mehr als jeder andere Bereich der ehelichen Beziehung durch die Höhen der Ekstase wie durch die Tiefen der Verzweiflung charakterisiert. Dies wird zusätzlich dadurch erschwert, daß jede sexuelle Beziehung etwas ganz Einzigartiges und Privates ist. Wer könnte einem anderen beschreiben, wie wunderbar sie ist? Oder wer könnte Ihre Probleme auf diesem Gebiet ganz verstehen?

Sollten Sie zufällig noch keine wirklichen Probleme auf diesem Gebiet haben, können Sie sicher sein, daß die noch kommen werden! Vielleicht finden Sie ein christliches Ehepaar, das bereit ist, mit Ihnen darüber zu sprechen. Wenn es möglich wäre, würden wir Sie zu uns einladen und mit Ihnen sprechen. Wir würden Ihnen Vorschläge machen, die wir selber als hilfreich empfunden und mit anderen durchgesprochen haben. Zwar meinen fast alle Paare, sie stünden mit ihren Problemen ganz allein da. Im Grund genommen gibt es jedoch kein Problem, dem nicht schon irgendein anderes Paar in irgendeiner Weise begegnet wäre. Folgende Grundsätze haben sich in unseren Augen bewährt:

1. Vergewissern Sie sich, daß Ihre Erwartungen realistisch sind. Im Gegensatz zur Meinung vieler versetzt uns der Sex nicht direkt in den Himmel. Sexuelle Intimität muß über einen längeren Zeitraum hinweg erlernt werden. Ja, es gibt Augenblicke höchsten Glücks, und Sie sollten selbst die kürzesten solcher Augenblicke genießen. Vergessen Sie auch nicht, gemeinsam über Fehler auf diesem Gebiet zu lachen!

2. Nehmen Sie keine »Alles oder nichts«-Haltung ein, denn damit verderben Sie sich selbst die Freude. Dies gilt vor allem für den Orgasmus der Frau. Es kann Wochen, Monate oder gar Jahre dauern, bis die Frau den ersten Orgasmus erlebt. Wenn Sie nicht beide zum Orgasmus gelangen, bedeutet das nicht, daß Sie sexuell versagt haben. Wenn Sie zum Orgasmus gelangt sind, bedeutet das nicht, daß Sie das Ziel erreicht haben. Und vergessen Sie nicht: Sie haben noch eine lebenslange Ehe vor sich! Genießen Sie Ihre Beziehung voll und ganz, so wie sie jetzt ist. Freuen Sie sich darauf, daß sie noch schöner wird.

3. Reden Sie! Die Sexualität ist nicht nur etwas Körperliches. Sie glauben gar nicht, welche Rolle darin die sprachliche Kommunikation spielt. Ein Grund, weshalb ein Paar nicht zum Orgasmus gelangt, mag darin liegen, daß keiner der Partner ehrlich sagt, was er gern bzw. nicht gern hat. Es mag unromantisch klingen, wenn jemand sagt: »Das hab ich gern«, oder: »Bitte, tu das nicht.« Aber es gibt keinen besseren Weg, Ihrem Partner eindeutig zu verstehen zu geben, was Sie mögen. Sie müssen reden! Wenn Sie sich nicht mit Worten darüber austauschen, was Sie auf sexuellem Gebiet mögen und was nicht, dann bringen Sie sich vielleicht ständig um das Schönste.

4. Wenn ein Partner Probleme hat, dann sollte das »unser« und nicht »sein« Problem sein. Die häufigsten Schwierigkeiten liegen anscheinend darin, daß die Frau nicht zum Orgasmus kommt und der Mann einen vorzeitigen Samenerguß hat. Wenn Sie unter solch einem Problem leiden, können Ihnen unter Umständen zuverlässige Bücher helfen. Noch hilfreicher ist es, mit jemandem darüber zu sprechen. Das könnte Ihr Seelsorger sein oder ein Freund. Es wird der Frau helfen, sich mit einer anderen Frau zu unterhalten, und dem Mann, mit einem Mann zu sprechen.

Dies ist der Tag,
den der Herr macht;
laßt uns freuen und
fröhlich an ihm sein.

Noch besser ist es vermutlich, wenn Sie gemeinsam mit einem anderen Ehepaar sprechen. Stellen Sie direkte, offene Fragen. Was fühlt man beim Orgasmus? Welche Dinge können dazu beitragen, einen Orgasmus zu erreichen? Oder: Wie kann ich den Samenerguß so lange zurückhalten, wie ich will? Was muß ich tun, wenn ich nicht warten kann? Sicher werden nicht alle Freunde bereit sein, so offen mit Ihnen zu sprechen. Doch wir halten das für einen Dienst christlicher Liebe, den Brüder und Schwestern einander tun können.

5. Freuen Sie sich darüber, daß es innerhalb der Ehe eigentlich nichts gibt, was unmoralisch ist, solange sich beide Partner dabei wohlfühlen und es keinem von ihnen schadet. Vielleicht haben Sie sich jahrelang gegen die sexuelle Stimulierung durch die Umgebung wappnen müssen. Jetzt brauchen Sie das nicht mehr zu tun! Es kann einige Zeit dauern, bis Sie zur vollen Freiheit auf dem Gebiet gelangen, wo Sie sich Grenzen gesetzt hatten. Aber es liegt noch ein ganzes Leben der Freiheit vor Ihnen. Selbst nach der Hochzeit kann es sein, daß Sie im sexuellen Bereich nur langsam vorangehen wollen. Wie immer Sie sich auch entscheiden, Sie können sich an der Sexualität freuen und dafür danken. Wir können Gott dafür danken, daß er uns zu geschlechtlichen Wesen gemacht hat.

1. Welche sexuelle Erfahrung haben Sie am meisten genossen?

____

____

____

2. Wo war es am schwersten, sich auf den Partner einzustellen?

____

____

____

____

3. Was könnte Ihr Partner tun, damit Sie noch mehr Freude in Ihrer sexuellen Beziehung haben?

____

____

____

____

(Versuchen Sie, diese Fragen alle paar Monate zu beantworten. So bleiben Sie auf dem Laufenden über notwendige Änderungen in Ihrem Sexualleben.)

Zur weiteren Lektüre

LaHaye, Tim und Beverly: *Wie schön ist es mit dir,* Verlag Schulte und Gerth, Aßlar, 15. Auflage 1992

Trobisch, Ingrid: *Mit Freuden Frau sein, Bd. I,* R. Brockhaus Verlag, Wuppertal und Zürich, 25. Auflage 1990

Nitsche, Walter: *Erfüllende Sexualität,* Schwengeler-Verlag, CH-Berneck 1989
Dillow, J.C.: *Und die zwei werden sein ein Fleisch,* Leonis-Verlag, Zürich 1992
Bovet, Theodor: *Die Ehe,* Katzmann Verlag, Tübingen, 3. Ausgabe 1984
Müller, Harry: *Weil Du Du bist. Befreite und erfüllte Sexualität,* Hänssler-Verlag, Neuhausen-Stuttgart 1991

15. Vergebung in der Ehe

Wir hoffen, daß Sie inzwischen etwas von der Schönheit und der Kunst der ehelichen Liebe erlebt haben. Dabei sind Sie bestimmt auf immer neue schöne Dinge gestoßen und verstehen einander und Ihre Beziehung immer besser. Bestimmt haben Sie auch in einigen Sackgassen umkehren müssen.

Es hat sicher Zeiten gegeben, wo Sie meinten, Sie verstünden einander, und wo Sie versuchten, sich gegenseitig anzunehmen – und wo Sie trotzdem in einer Sackgasse landeten. Man behauptet heute gern, in einer solchen Situation könne nicht von Schuld die Rede sein, sondern hier seien Kräfte am Werk, die sich unserer Kontrolle entzögen. Als Christen brauchen wir jedoch nicht in dieser Sackgasse steckenzubleiben. In einer christlichen Ehe gibt es immer einen Ausweg aus einer gespannten Lage. Wir werden zwar Spannungen erleben, die sind unvermeidlich; aber wir brauchen nicht in dieser Situation steckenzubleiben.

Wir haben in diesem Buch versucht, Ihnen zu zeigen, wie Sie Ihre Probleme lösen und mögliche Enttäuschungen verarbeiten können. An dieser Stelle muß nun betont werden, daß der vielleicht wesentlichste Bestandteil der ehelichen Beziehung die Vergebung ist.

In unserer Umgebung versucht man vielfach, Spannungen wegzuerklären. Als Christen können wir uns mit der Sünde auseinandersetzen, die so oft die Wurzel von Spannungen ist. Mit Sünde meinen wir Ungehorsam gegenüber dem Willen Gottes, wie er uns im Wort Gottes offenbart wird. Stolz, Selbstsucht, Streit, Eifersucht, Überheblichkeit – das sind keine »Macken« der menschlichen Natur, mit denen wir uns abfinden müssen. Sie sind Sünde. Sicher gehört es zum Schwierigsten, gleichzeitig aber auch zum Wichtigsten, was wir in der Ehe zu lernen haben, daß wir Vergebung annehmen und dem anderen vergeben müssen, wenn solche Sünde unsere Beziehung stört.

Vergebung gehört zur Mitte der christlichen Botschaft. Paulus schreibt in seinem ersten Brief an die Korinther, er habe »in erster Linie« verkündigt, »daß Christus gestorben ist für unsere Sünden nach der Schrift« (1. Korinther 15,3). An dieser Stelle geraten wir oft auf Abwege. Wir geraten auf den Abweg unserer leistungsorientierten Gesellschaft (»Ich muß doch selbst etwas tun, damit mir vergeben wird!«); auf den Abweg unserer eigenen Schuldgefühle (»Gott vergibt mir vielleicht, aber er wird es nie vergessen!«); oder auf den Abweg der Resignation (»Ich bin so sündig, da kann ich getrost fortfahren zu sündigen.«). Wir sollten uns immer wieder klarmachen, daß Gott uns durch Christi Tod Vergebung schenkt (vgl. Psalm 32,5; Jesaja 43,25; Micha 7,18–19 und Hebräer 10,11–18).

Wichtig ist auch, daß wir den Unterschied zwischen echten und falschen Schuldgefühlen erkennen. In Offenbarung 12,10 wird Satan der »Verkläger« genannt. Schuldgefühle, die durch Satans anklagenden Zeigefinger entstehen, sind falsche Schuldgefühle. Schuldgefühle, die durch die Überführung durch den Heiligen Geist entstehen (Johannes 16,8), beruhen auf wirklicher Schuld. Jesus ist für unsere wirkliche Schuld gestorben, nicht für falsche Schuldgefühle. Wir leben oft unser Leben in falschen Schuldgefühlen, weil wir diesen Unterschied nicht erkennen.

Wenn Sie in Ihrem Leben von Schuldgefühlen geplagt werden, fragen Sie sich: »Gibt es etwas in meinem Leben, das ich bekennen muß, weil es Sünde ist – etwas, das im Gegensatz zum Wort Gottes steht? Muß ich irgendwelche Änderungen in meinem Leben vornehmen?« Wenn die

Antwort nein lautet, dann war es Satan, der Sie angeklagt und Sie mit falschen Schuldgefühlen belastet hat. Ist die Antwort ja, dannbekennen Sie die Sünde, und Sie können sicher sein: Gott wird Ihnen vergeben. Denken Sie daran, daß wir in Gottes Nähe sein dürfen »mit wahrhaftigem Herzen und in der Gewißheit des Glaubens, besprengt in unseren Herzen und damit befreit von dem bösen Gewissen« (Hebräer 10,22).

Indem wir lernen, zu Gott zu kommen und Vergebung zu erlangen, lernen wir auch, einander zu vergeben. Sorgen Sie dafür, daß in Ihrer Ehe viel Vergebung ist. Es wird unzählige Augenblicke geben, wo Sie sich sagen müssen: »Nur durch Gottes Gnade kann ich bestehen.« Denn keiner von uns ist vollkommen. Auch Ihre Ehe wird nicht vollkommen sein. Lernen Sie es, mit Ihren Sünden zu Gott zu gehen, seine Vergebung anzunehmen und dann sich selbst und einander zu vergeben, wie er Ihnen vergeben hat.

1. Welche Gebiete Ihres Lebens verursachen Ihnen häufig Schuldgefühle?

____

____

____

Wenn es welche gibt, sprechen Sie mit Ihrem Partner darüber. Wenn echte Schuld dahintersteckt, dann bekennen Sie sie gemeinsam im Gebet. Wenn Sie um keine Sünde wissen, die Sie bekennen müssen, dann bitten Sie Gott, falsche Schuldgefühle durch seinen Frieden zu ersetzen.

2. Wann haben Sie zum letzten Mal etwas getan, wofür Sie die Vergebung Ihres Partners brauchten? Was war das?

____

____

____

3. Was war das Letzte, was Sie Ihrem Partner vergeben haben?

____

____

____

4. Was bedeutet es für Sie, wenn Sie sagen: »Bitte, vergib mir«?

____

____

____

Was bedeutet es für Sie, wenn Sie sagen: »Ich vergebe dir«?

____

____

____

Zur weiteren Lektüre

Tournier, Paul: *Echte und falsche Schuldgefühle. Eine Deutung aus psychologischer und religiöser Sicht,* Humata Verlag, Bern, 8. Auflage 1989

Renate Kaufmann

Lieber ganz als gar nicht
Mit dem Schlafsack durch Europa

224 Seiten, R. Brockhaus Taschenbuch, Bestell-Nr. 220 838

Der authentische, faszinierende Bericht einer jungen Frau, die jahreland durch Europa trampte – auf der Suche nach dem Sinn ihres Lebens.

Renate Kaufmann

Zwei Karten für den wilden Oskar
Erlebnisse einer unangepaßten Frau

96 Seiten, R. Brockhaus Taschenbuch, Bestell-Nr. 220 847

Das Buch bietet eine Mischung aus Geschichten, Satiren und Texten zum Nachdenken. Langweilig wird es keinem Leser werden.

Mike Yaconelli

Jetzt mal ehrlich
Mit einem Vorwort von Andreas Malessa

160 Seiten, R. Brockhaus Taschenbuch, Bestell-Nr. 220 492

Muß »der« Christ wirklich so denken und handeln, wie »man« als Christ eben denkt und handelt?
Mike Yaconelli macht auf humorvolle Weise und durch sein eigenes Beispiel Mut dazu, nicht nur vor Gott und sich selbst ehrlich zu werden, sondern auch vor den anderen. Und nicht nur ehrlich, sondern auch barmherzig, denn wer möchte, wenn er seine Rüstung abgelegt hat, im Kalten stehen?
Ein originelles Buch, das dem Leser auf manchmal ernüchternde Weise einen Spiegel vorhält, aber einen Spiegel, in dem er sieht, daß ihm jemand über die Schulter schaut und ab und zu aufmunternd zuzwinkert ...

Neue Weltordnung

Wissen 3000
Herausgegeben von Christina Knüllig

Matthias Heitmann,
geboren 1971, studierte Politologie, Rechtswissenschaften und Philosophie in Frankfurt am Main. Er arbeitet als freier Journalist und Texter und ist stellvertretender Chefredakteur des politischen Wissenschaftsmagazins NOVO.

Matthias Heitmann

Neue Weltordnung

wissen 3000

Europäische Verlagsanstalt

Inhalt

»Weltordnung« – Aufräumen im globalen Dorf?

Gemessen an der Menschheitsgeschichte ist »Weltordnung« ein relativ junger Begriff. Er beschreibt ein äußerst komplexes Gebilde: Weltordnungen sind keine starren Formationen, sondern unterliegen ständigem Wandel. Auch werden sie nicht auf dem Reißbrett oder in Debattierclubs entworfen, sondern entstehen im Zusammenspiel von politischen Ambitionen, dominanten Ideen und wirtschaftlich-militärischen Realitäten.

Politische Epochen sind geprägt von Wertvorstellungen und ihrem Zusammenspiel mit ökonomischen und militärischen Gegebenheiten. Sie setzen sich durch, weil sie Ausdruck konkreter Interessenlagen sind, und sie verlieren an Bedeutung, wenn sich die Interessen verändern. Der Entwurf einer Weltordnung ist daher nicht nur ein internationales Ordnungsprinzip, sondern reflektiert auch politische Entwicklungen, wie sie sich auf nationaler Ebene zutragen. Welches politische, ökonomische, soziale und ethische Denken und Handeln lag den verschiedenen Ordnungen zugrunde? Welche Ziele, Werte und Visionen gab es, und wie haben sie sich im Verlauf der Geschichte verändert?

Der Begriff »Weltordnung« bezieht sich nicht ausschließlich auf die Ebene der internationalen Beziehungen. Das mag auf den ersten Blick widersprüchlich klingen. Da sich aber bis heute kein »Weltstaat« herausgebildet hat, entstehen Entwürfe, die das machtpolitische Gefälle im Weltmaßstab abbilden, auf der Ebene der Nationalstaaten. Es sind die dort entwickelten politischen Zielvorstellungen, philosophischen Denkansätze, sozialen Realitäten, ökonomischen Entwicklungen und militärischen Potenziale, die miteinander interagieren und sich zu einem vielgliedrigen und facettenreichen System von Regelwerken formieren. Diese Systeme bilden politische Institutionen, Handelsbeziehungen, diplomatische Gepflogenheiten und Konfliktlösungsansätze heraus, die den Charakter der Ordnung ausmachen. Mit anderen Worten: Um die Dynamik einer Weltordnung zu verstehen, reicht die Betrachtung internationaler Institutionen nicht aus; es bedarf zusätzlich der Berücksichtigung der sie prägenden politischen Ideen und der konkreten Verhältnisse in den Gesellschaften.

Weltordnungen werden auch nicht auf Regierungskonferenzen »entworfen«. Sie sind das Produkt langwieriger und vielschichtiger Prozesse. Da nahezu alle Staaten dieser Welt für sich in Anspruch nehmen, die Interessen ihrer Bevölkerung zu vertreten und entsprechend zu agieren, müssen politische Vorstellungen nach innen vermittelt sowie nationale Übereinstimmungen geschaffen werden.

Von entscheidender Bedeutung für das Verstehen von Weltordnungen ist das Spannungsverhältnis zwischen Anspruch und Wirklichkeit, also die Frage, inwieweit sich politische Zielsetzungen mit den Realitäten bzw. mit der Wahrnehmung dieser Realitäten durch die Menschen in Einklang bringen lassen. Die analytische Unterscheidung von Anspruch und Wirklichkeit ermöglicht es, »Schwachpunkte« einer gesellschaftlichen Ordnung zu benennen, mithin Bereiche, in denen politische Leitsätze und Ideologien ihre Relevanz verlieren. So können auch Übergänge von einer Weltordnung zur anderen erkennbar gemacht und erklärt werden. Weltordnungen brechen nicht von heute auf morgen über die Welt herein, und sie werden auch nicht »per Beschluss« durch neue Ordnungen ersetzt. Die Übergänge zwischen Epochen sind fließend, deuten sich vorher an und wirken lange nach.

Die historisch sinnvolle Verwendung des Begriffes »Weltordnung« setzt zunächst voraus, dass die »Welt« als solche bekannt ist und als ordnungsfähige Einheit von den Menschen verstanden wird. Ein Denken in globalen Dimensionen und eine globale Ordnung konnte angesichts des nur bruchstückhaften Wissens über die »bekannten Welten« für lange Zeit gar nicht entstehen. Über Jahrhunderte galt das Mittelmeer seinen Anrainern als Mittelpunkt einer Scheibe, die man »Welt« nannte. In anderen Weltregionen war das Mittelmeer nicht mehr als ein »weißer Fleck« auf der Landkarte. Mit der Zeit fügten die Menschen ihre »Welten« zu einem universellen und allgemeingültigen Bild von der Beschaffenheit ihrer einen Welt zusammen.

Die Landung von Christoph Kolumbus in Amerika im Jahre 1492 markiert aus europäischer Sicht einen wichtigen Schritt auf diesem Wege. Mit der Erschließung der »neuen Welt« macht es Sinn, von »globalen« Maßstäben des Wissens zu sprechen. Dennoch blieb »Globalität« noch für lange Zeit ein Privileg von Wissenschaftlern, Entdeckern und Handelsreisenden, während die meisten Menschen kaum ihre Heimatdörfer verließen und lokale Gesellschaften in ganz anderen Kategorien dachten und funktionierten.

Zwar hatten europäische Mächte schon in den Jahrhunderten zuvor damit begonnen, mit verschiedenen Weltregionen Handel zu treiben und Landstriche als Kolonialherren zu kontrollieren. Doch erst im Laufe des 18. Jahrhunderts erreichte das gesellschaftliche Wissen und Handeln in Europa einen weltumspannenden Maßstab.

Der frühe Kolonialismus entwickelte sich auf Basis wirtschaftlicher Entwicklungen. Stellte der Handel in den Zeiten des Feudalismus schon früh punktuelle Verbindungen zwischen verschiedenen Erdteilen her, so schufen die industrielle Revolution und die Entwicklung der kapitalistischen Wirtschaft in Europa den Drang, neue Märkte und Ressourcen zu erschließen. Auf Basis dieser wirtschaftlichen Entwicklung wuchs die Bedeutung von Kolonien, sie wurden zu ökonomischen Notwendigkeiten, da sie neben Rohstoffen auch neue Absatzmärkte erschlossen.

Zugleich entstanden in Europa neue soziale Konflikte: Im Zuge der Auflösung der alten feudalen Gesellschaftsstrukturen und der Industrialisierung zog es Bauern wie Landlose in die Städte. Dort arbeiteten sie in den Fabriken oder als Tagelöhner unter teilweise unmenschlichen Bedingungen. Diese soziale Situation beschwor auch zunehmend Konflikte herauf: Es entwickelte sich eine neue

Unterschicht, deren Interessen mit denen der wohlhabenden bürgerlichen Schicht nicht kompatibel waren. Letztere verfolgte das Ziel, die neue Gesellschafts- und Herrschaftsform einerseits theoretisch zu rechtfertigen, diese andererseits aber auch praktisch gegen den verarmten »Pöbel« zu verteidigen. Elitäre Herrschaftstheorien und -formen entstanden, und ihr zivilisatorischer Impetus bezog sich in dem Maße auf die eigene Bevölkerung, wie er auch als Legitimation für den Expansionsdrang außerhalb Europas wirkte: Die »Bürde des weißen Mannes«, die Welt zu erziehen und zu entwickeln, wurde zu einem zentralen Pfeiler des politischen Denkens. Die koloniale Ordnung war in ihrer Entstehung »europäisch«, sie beinhaltete aber bereits einen globalen Machtanspruch, der sich langsam, aber sicher durchsetzte.

»Weltordnungen« entwickeln sich auf der Basis von Nationalstaaten. Spätestens seit dem Beginn der »Moderne« ab Mitte des 19. Jahrhunderts gilt die Welt im politischen Sinne als erschlossen, aufgeteilt und geordnet; ab diesem Zeitpunkt setzte sich auch im politischen, gesellschaftlichen, kulturellen und wirtschaftlichen Leben Europas die Globalität der Zusammenhänge als Maßstab des Denkens durch – man kann seitdem vom Bestehen einer »Weltordnung« sprechen.

Die koloniale Weltordnung – »made in Europe«

Die koloniale Weltordnung stellte sich als Export der europäischen Ordnung dar. Die Kolonien nahmen geopolitisch die Rolle der Peripherien der europäisch geführten Kolonialreiche ein; ökonomisch fungierten sie als Rohstoffreservoirs für die europäischen Märkte. Die Kolonialmächte wurden dadurch zu »Weltmächten« und bestimmten die globale Ordnung.

Ende des 19. Jahrhunderts war auf der Ebene der Ökonomie eine Art »weltumspannende Wirtschaftsordnung« entstanden. Weltweiter Handel transportierte Rohstoffe, Güter und Menschen rund um den Globus, und die Teilhabe an den Reichtümern der Welt setzte sich in zielgerichtetes staatliches Handeln um: Die großen europäischen Mächte, allen voran Großbritannien, unterhielten Kolonialreiche und speisten die dort erschlossenen Rohstoffe in die eigenen nationalen Wirtschaftskreisläufe ein. Eine Weltwirtschaft nach modernen Maßstäben, die aus selbständigen und auf Augenhöhe miteinander Handel treibenden freien Nationalökonomien besteht, war das Kolonialsystem indessen nicht.

Der militärische und sehr häufig ausbeuterische Charakter dieses weltumspannenden Systems führte zu einer Militarisierung von Kultur und Gesellschaft. Auftretende Instabilitäten und Rivalitäten zwischen den weltpolitisch agierenden europäischen Mächten wurden nahezu ungefiltert exportiert und auf der globalen Bühne ausgetragen. Die wachsende wirtschaftliche Konkurrenz, bedingt durch die Dynamik der kapitalistischen Entwicklung, die sowohl Wachstums- als auch Krisenzeiten hervorbrachte, führte am Ende des 19. Jahrhunderts zu wachsenden Spannungen zwischen den Imperien.

Darüber hinaus wurden die innereuropäischen Machtverhältnisse in Frage gestellt: Frankreich sah seine Vormachtstellung auf dem europäischen Kontinent durch das aufstrebende preußische Königshaus gefährdet. Der Konflikt mit Preußen eskalierte im Sommer 1870 und führte zur französischen Kriegserklärung. Eine Welle nationaler Empörung erfasste die deutschen Einzelstaaten, die aufgrund ihrer militärischen Bündnisverträge mit Preußen in den Krieg zogen. Der preußische Ministerpräsident Bismarck nutzte die Gunst der Stunde und verhandelte nach Kriegsbeginn mit den süddeutschen Staaten über deren Beitritt zum Norddeutschen Bund. Damit schuf er die politischen Voraussetzungen, um nach dem Sieg über Frankreich die nationale Einigung Deutschlands zu vollziehen: Am 18. Januar 1871 nahm der preußische König Wilhelm I. im Spiegelsaal des Versailler Schlosses aus der Hand der deutschen Fürsten die Kaiserkrone entgegen; Bismarck wurde Kanzler des Deutschen Reichs. Anstatt durch den Krieg gegen Preußen die eigene Vorherrschaft zu festigen, trug Frankreich letztlich zum Entstehen eines neuen großen Konkurrenten in der Mitte Europas bei.

In den 1880er-Jahren begann das Deutsche Reich, ein eigenes Kolonialreich aufzubauen: 1884 stellte es die südwestafrikanischen Besitzungen des deutschen Kaufmanns Adolf Lüderitz unter den »Schutz« des Reiches. Im selben Jahr gerieten auch Togo und Kamerun unter deutsche Herrschaft, im darauf folgenden Jahr folgten weitere Gebiete in Ostafrika. Mit der Übernahme von Nord-Neuguinea (»Kaiser-Wilhelm-Land«) und der davor gelegenen Inselgruppe (»Bismarck-Archipel«) war im Mai 1885 die erste Phase deutscher Kolonialpolitik abgeschlossen. Während Bismarck die deutschen Kolonien lediglich als Handelsstützpunkte betrachtete, sah der 1882 gegründete Deutsche Kolonialverein in ihnen vor allem eine Erweiterung des deutschen Herrschaftsbereichs und damit die Voraussetzung für die angestrebte Weltmachtrolle. Die Folgen der deutschen Beteiligung am imperialen Wettrennen um Kolonialbesitz waren für die europäische Sicherheitslage erheblich: Hatte sich Deutschland im Krieg gegen Frankreich zu einer europäischen Großmacht entwickelt, erreichte nun das Kaiserreich in der kolonialpolitischen Auseinandersetzung mit England »Weltgeltung«. Spannungen und auch militärische Auseinandersetzungen mit den etablierten europäischen Kolonialmächten wurden hierdurch auf Dauer unvermeidbar.

Die Ordnung der Welt hing am Tropf dieser immer labiler werdenden europäischen Mächtekonstellation. Es existierten keine politischen Institutionen, die die friedliche Beilegung der Konflikte hätten erreichen können. In dieser Phase der Weltpolitik waren die Formen internationaler Kooperation stark unterentwickelt und beschränkten sich auf ein unübersichtliches Netz bilateraler Verträge auf der Grundlage zumeist nur allgemeiner und gewohnheitsrechtlicher Grundsätze. Auch wurde die Notwendigkeit institutionalisierter Kooperation zwischen den Kolonialmächten kaum gesehen, standen sich die Nationen doch in einem harten Konkurrenzkampf um Macht und Märkte gegenüber.

Der Erste Weltkrieg (1914–1918) war eine logische Folge dieser sich immer weiter zuspitzenden und scheinbar unauflösbaren Spannungen zwischen dem »neuen« aufstrebenden Deutschen Reich und den »alten« europäischen Status-quo-Mächten, allen voran der alten Weltmacht Großbritannien. Der Krieg setzte sich in den Kolonialgebieten fort. Dennoch war er ein »europäischer Krieg«, ein Krieg zwischen den europäischen Weltmächten im Kampf um Macht und Einfluss. Seine Erschütterungen führten zu einem globalen Beben der Machtverhältnisse. Betroffen waren nicht nur die sozialen und ökonomischen Infrastrukturen, sondern auch die politischen und ideologischen Fundamente der kolonialen Weltordnung. Nicht zu unterschätzen ist der zusätzlich destabilisierende Einfluss der Russischen Revolution im Jahre 1917, die auch das übrige Europa stark beeinflusste. Ihr Widerhall sorgte für zusätzlichen Sprengstoff an der »Heimatfront« der Krieg führenden Nationalstaaten und beflügelte die proletarische Opposition. Die nationalen Eliten hatten nun nicht nur einen internationalen Krieg um Macht und Einfluss zu kämpfen, sondern auch gegen innenpolitische Unruhen und Umsturzversuche anzugehen.

Der Erste Weltkrieg stellte die internationale Führungsrolle der bis dato fast unumstrittenen Weltmacht Großbritannien in Frage, ohne jedoch Parameter für eine neue Ordnung zu setzen und eine langfristige Lösung der offenen Machtfrage herbeizuführen.

Der langsame Zerfall des Kolonialismus

Die koloniale Ordnung geriet im Ersten Weltkrieg zwar ins Wanken, fiel aber noch nicht. Stattdessen versuchten die großen Mächte, allen bestehenden Rivalitäten zum Trotz, durch den Aufbau internationaler Organisationen Formen internationaler Kooperation zu institutionalisieren und die Stabilität der kolonialen Weltordnung zu verbessern.

Die Kapitulation des Deutschen Reiches und das Versailler Friedensabkommen stellten die Basis für die Bemühungen dar, die zwischenstaatliche Kooperation im Sinne der Friedenssicherung zu verbessern. Der Versailler Vertrag legte für das Deutsche Reich drastische Friedensbedingungen fest: Anstatt der angestrebten Ausdehnung bis nach Flandern und Nordfrankreich und der Einverleibung weiter Teile Nordosteuropas musste Deutschland ein Siebtel seines Territoriums, ein Zehntel seiner Bevölkerung sowie seinen gesamten Kolonialbesitz abtreten. Da zudem die alleinige Kriegsschuld Deutschlands festgeschrieben wurde, sah sich das Deutsche Reich mit erheblichen alliierten Reparationsforderungen konfrontiert. Am 28. Juni 1919 wurde der Vertrag vom neuen deutschen Außenminister Hermann Müller und dem Verkehrsminister Johannes Bell im Spiegelsaal von Versailles unterzeichnet. Er trat am 10. Januar 1920 in Kraft.

Noch während des Ersten Weltkrieges hatte der US-amerikanische Präsident Woodrow Wilson den Gedanken einer Friedensorganisation aufgegriffen, um die chaotischen internationalen Beziehungen auf eine institutionelle Grundlage zu stellen und somit zu ordnen. Bereits den Eintritt der USA in den Ersten Weltkrieg hatte Wilson in seiner Kriegsbotschaft an den amerikanischen Kongress am 2. April 1917 als Aufgabe beschrieben, die Welt für die Demokratie sicher zu machen. Zwar hatte es bereits vor dem Ersten Weltkrieg Bemühungen um eine dauerhafte Friedenssicherung gegeben. Jedoch beschränkten sich die Grundsätze der Haager Abkommen von 1899 und die Haager Landkriegsordnung von 1907 auf eine Kodifizierung der Gesetze und Gebräuche des Landkrieges. Zwar wurden hierdurch die erlaubten Mittel der Kriegsführung beschränkt und humanitäre Mindeststandards festgelegt, eine echte Beschränkung des Rechts zum Kriege (ius ad bellum) konnte sich jedoch nicht durchsetzen. »Das Völkerrecht kennt ... keine Regeln darüber, wann Kriege geführt werden dürfen. Will ein Staat sein eigenes Selbst einsetzen, so darf er jederzeit Krieg beginnen. Die Gewalt ist also im Staatenverkehr unbedingt gestattet ...« (P. Heilborn: *Grundbegriffe des Völkerrechts*, 1912)

Nach dem Ende des Ersten Weltkrieges am 4. Oktober 1918 setzte US-Präsident Wilson sich mit seinem »14-Punkte-Plan«, in dem er seine Friedensvision niederschrieb, für die Schaffung einer internationalen, von Kooperation geprägten Neuordnung der internationalen Verhältnisse ein. Er schlug die Gründung des »Völkerbundes«, einer internationalen Staatenorganisation, vor. Mit In-Kraft-Treten des Vertrags am 10. Januar 1920 nahm der Völkerbund mit Hauptsitz in Genf seine Arbeit offiziell auf. Der Grundgedanke dieser ersten Weltorganisation war geprägt von Wilsons aufklärerischem Fortschrittsglauben und erhob die »Förderung und Zusammenarbeit unter den Nationen und die Gewährleistung des internationalen Friedens und der internationalen Sicherheit« zu seinem Ziel. Er bestand zunächst aus den 32 Siegermächten des Krieges sowie 13 neutralen Staaten. Bis 1937 erwarben 21 weitere Staaten die Mitgliedschaft. Doch obwohl auf Initiative Wilsons gegründet, traten die Vereinigten Staaten von Amerika der Staatenorganisation nie bei. Auch andere Bündnisverträge, die Wilson beispielsweise mit Frankreich abzuschließen trachtete, konnte er innenpolitisch nicht durchsetzen. Eine wirklich tragfähige Lösung der machtpolitischen Fragen Europas schienen diese Verträge und Institutionen aus amerikanischer Sicht nicht darzustellen. Anstatt Deutschland in das internationale System zu integrieren, wie es Wilson vorschwebte, verhinderten die europäischen Mächte zunächst die Mitgliedschaft des Reiches im Völkerbund. Nicht zu Unrecht gelten beide Aspekte – die ablehnende Haltung Washingtons gegenüber den Versailler Verträgen und dem Völkerbund sowie die Nichteinbindung des Deutschen Reiches in die internationalen Kooperationen – als mitursächlich dafür, dass die entstandenen Strukturen zur Wahrung des Friedens letztlich keine langfristige und tragfähige Stabilisierung der internationalen Beziehungen herbeiführen konnten.

Mit ihrem Eintritt in den Ersten Weltkrieg waren die USA auch in militärischer Hinsicht zu einer Weltmacht aufgestiegen – ökonomisch waren sie schon im Jahre 1913 mit einem Anteil von 35,8 Prozent an der Weltindustrieproduktion eindeutig die stärkste Nation. Ihr Nichtbeitritt zum Völkerbund kam jedoch einem Rückzug aus der Weltpolitik gleich, was dazu führte, dass die alten europäischen Machtkonstellationen nicht grundsätzlich neu geordnet wurden.

Diese häufig als »isolationistisch« bezeichnete Politik hat mehrere Wurzeln: Das Selbstverständnis der USA als Vereinigung ehemaliger Kolonien europäischer Großmächte hatte traditionell zu einer bewusst zurückhaltenden Politik geführt, wenn es um europäische Belange ging.

Zudem bestand für die USA in dieser Phase ihrer Entwicklung keine ökonomische Notwendigkeit, im globalen Maßstab Expansionspolitik zu betreiben. Der Grund für diese Politik lag in der enormen Größe und Stärke des US-Marktes. Seine Entwicklungspotenziale waren derart gewaltig, dass Wirtschaft und Politik sich lange Zeit auf sich selbst und die Entwicklung der eigenen Märkte konzentrieren konnten und die Erschließung neuer Absatzmärkte und Rohstoffquellen von nicht so entscheidender Bedeutung war wie für die europäischen Nationalökonomien.

Tatsächlich unterhielten aber auch die USA eigene Protektorate und Kolonien im Pazifik und im asiatischen Raum (z. B. die Philippinen); zudem vergrößerten sie ihr Territorium und versuchten beständig, die Entwicklung in Mittel- und Südamerika in ihrem Sinne zu beeinflussen. Dennoch verstanden sie sich stets als moderne, antikoloniale und freiheitliche Macht und distanzierten sich damit von der europäisch geprägten Kolonialordnung. Dieses Selbstbild war lange Zeit ein wesentlicher Bestandteil US-amerikanischen Selbstbewusstseins.

Die strukturelle Ohnmacht des Völkerbundes war mithin nicht Ursache, sondern Folge der uneindeutigen internationalen Machtverhältnisse nach dem Weltkrieg: Das Vereinte Königreich hatte seine Rolle als »Hegemon« eingebüßt, und die USA füllten diese vakant gewordene Position auf dem globalen Parkett nicht aus. Der Völkerbund spiegelte strukturell eine Epoche wider, in der eine weiter gehende internationale Kooperation mit nationalstaatlicher Interessenpolitik unvereinbar schien. Nicht von ungefähr besaß die Organisation keinerlei Handhabung für die Sanktionierung von Verstößen gegen die eigenen Prinzipien und konnte letztlich die Handlungsspielräume der Mächte in keiner Weise einschränken. Die in der Satzung des Völkerbundes enthaltene Verpflichtung, im Falle von Streitigkeiten zunächst geregelte Verfahren der Konfliktlösung zu nutzen, stellte sich als kein wirksames Instrument der Kriegsverhütung heraus. Entsprechend beschränkten sich dessen Erfolge auf die Vermittlung in einigen weniger bedeutenden Konflikten sowie auf humanitäre Belange.

Die Ende der 20er-Jahre im Zuge der Weltwirtschaftskrise sich zuspitzenden Spannungen zwischen den europäischen Mächten sowie die innenpolitischen Verwerfungen konnte der Völkerbund nicht kanalisieren. Erneut wurde der ohnehin labile europäische Status quo in Frage gestellt. Autoritäre und faschistische Regime in Deutschland, Italien und Spanien lehnten sich gegen die bestehende Ordnung auf. Sie betrieben eine expansionistische Außen- sowie eine extrem repressive Innenpolitik und gründeten ihr Vorgehen auf virulent nationalistischer, rassistischer, antisemitischer und antikommunistischer Propaganda. Nacheinander verließen das Deutsche Reich und Japan 1935, Italien und die Sowjetunion (diese durch Ausschluss) 1939 sowie Spanien 1941 den Völkerbund. Wieder attackierte Deutschland, dieses Mal unter dem Hitler-Regime, die Vorherrschaft der alten europäischen Mächte.

Mit dem deutschen Überfall auf Polen begann am 1. September 1939 der Zweite Weltkrieg. Erneut erhob sich das Deutsche Reich gegen die europäische Ordnung und verfolgte das Ziel, sich als neue Führungs- und Weltmacht zu etablieren und die alten Mächte Frankreich und Großbritannien, aber auch die beständig als Gefahr angesehene Sowjetunion dem deutschen Führungsanspruch unterzuordnen bzw. zu zerstören. Der größte Land-, Luft- und Seekrieg der Geschichte hatte katastrophale Folgen: Etwa 60 Millionen Menschen starben weltweit, mindestens 20 bis 30 Millionen Zivilisten kamen durch Luftangriffe, Deportation, Massenvernichtungslager und Übergriffe der Streitkräfte ums Leben. Die barbarische Dimension dieses Krieges verdeutlicht der Holocaust: Etwa sechs Millionen europäische Juden wurden Opfer des nationalsozialistischen Vernichtungskrieges. Rund 20 Millionen Menschen mussten fliehen, wurden vertrieben oder als Zwangsarbeiter verschleppt.

Von seiner Grundproblematik – das Deutsche Reich führt Krieg gegen die alte europäische Ordnung – war auch der Zweite Weltkrieg zunächst primär ein europäischer Konflikt. Doch anders als während des Ersten Weltkrieges spielten in seinem Verlauf auch nichteuropäische Mächte eine große Rolle. In Asien führte Japan expansionistische Kriege, auch gegen die europäischen Kolonialmächte. Schließlich ergriffen auch die Vereinigten Staaten von Amerika wesentlich früher und umfassender als im Ersten Weltkrieg die Initiative: Sie stärkten nicht nur die Anti-Hitler-Koalition in Europa und bekämpften die Japaner in Asien, sondern machten sich gleichzeitig daran, eine Ordnung für die Zeit nach dem Weltkrieg vorzubereiten.

Die Weltordnung besaß nach dem Ende des Ersten Weltkrieges keine eindeutige Hierarchie. Der Völkerbund als Versuch, die internationalen Verhältnisse zu ordnen, war durch das Fehlen einer ihn stützenden Großmacht zum Scheitern verurteilt. Der Zweite Weltkrieg zerstörte endgültig das Fundament der kolonialen Ordnung.

Die Nachkriegsordnung – der Aufstieg der USA zur Weltmacht

Was aus weltordnungspolitischer Sicht der Erste Weltkrieg nicht herbeiführte – die endgültige Ablösung der alten kolonialen Ordnung –, wurde nach dem Ende des Zweiten Weltkrieges unvermeidbar. Der Erste Weltkrieg hatte bereits die Frage nach einer Neuordnung der globalen Machtverhältnisse aufgeworfen. Aber erst durch den Zweiten Weltkrieg wurde diese Frage beantwortet.

Der Zweite Weltkrieg zerstörte nicht nur das politische und wirtschaftliche Gefüge Europas bis auf die Grundmauern, sondern versetzte auch dem internationalen Kolonialsystem endgültig den Todesstoß.

Mit den Vereinigten Staaten von Amerika trat eine neue Weltmacht das Erbe des Vereinigten Königreiches an. Ihr ökonomisches Übergewicht – die US-Wirtschaft machte nach dem Ende des Krieges gut 50 Prozent der Weltwirtschaft aus – setzte sich nun auch in politische Dominanz um. Mit all ihrem Gewicht betrieben die USA den Aufbau neuer internationaler Strukturen, die nicht nur in politischer Hinsicht Stabilität befördern, sondern auch die Entwicklung der Weltwirtschaft sowie den Prozess der schrittweisen Entkolonialisierung weiter Teile der Welt in geordnete Bahnen lenken sollten.

Weltpolitisch begann mit der Gründung der Vereinten Nationen (UNO) ein neues Kapitel: Sie wurde von den USA mit Nachdruck unterstützt; es war ihr Bestreben, der UNO ein größeres politisches Gewicht zu verleihen, als es der Völkerbund jemals entwickeln konnte. Auf der Gründungskonferenz in San Francisco am 25. Juni 1945 wurde die Satzung der Vereinten Nationen von den Gründungsmitgliedern angenommen. Einen Tag später wurde die »Charta der Vereinten Nationen« verabschiedet. Erstmals schien sich eine Weltordnung zu entfalten, die nicht mehr allein von europäischen Nationalstaaten getragen wurde, sondern in der UN-Vollversammlung frühere Kolonien als gleichberechtigte und souveräne Nationalstaaten mit einschloss. Die UNO sollte als »supranationales Machtzentrum« die Souveränität der Nationalstaaten gewährleisten, diese Souveränität aber gleichzeitig begrenzen, um dem internationalen Recht zur Durchsetzung zu verhelfen. Internationale Kooperationen und Kompromisse sollten an die Stelle kriegerischer nationaler Interessenpolitik treten. Mit dem Sicherheitsrat verfügte die UN über eine Art »Weltdirektorium«, das in seiner Besetzung den Kräfteverhältnissen der Nachkriegsordnung Rechnung trug: Neben den Siegern des Zweiten Weltkrieges, den USA und der Sowjetunion, erhielten Frankreich, Großbritannien und später auch China einen ständigen Sitz in diesem Gremium. Seine Aufgabe war gemäß der UN-Charta die Wahrung des Friedens.

Auch in der Weltwirtschaft begann eine neue Ära: Erstmals basierten die internationalen Institutionen auf der Annahme, dass es der Welthandel zwischen gleichberechtigten Nationalökonomien sein würde, dessen Weiterentwicklung zum Zwecke einer florierenden Weltwirtschaft zum Primat internationaler Politik werden sollte. Die Schaffung der Weltbank und des Internationalen Währungsfonds in den Jahren 1943 bis 1944 war Ausdruck des Bestrebens, die weltweite Entwicklung marktwirtschaftlicher Strukturen über eine koordinierte Kreditvergabe zu fördern. Schon 1944 hatte Washington auf der internationalen Konferenz von Bretton Woods erreicht, dass der US-Dollar als internationale Leit-, Reserve- und Transaktionswährung festgeschrieben wurde.

In dem Aufbau neuer internationaler Institutionen manifestierten sich die politische und wirtschaftliche Vormachtstellung der USA wie auch das gemeinsame Bestreben, die Weltordnung auf eine stabile und friedlichere Basis zu stellen.

Der Kalte Krieg – die bipolare Weltordnung entsteht

Entscheidend geprägt wurde die Neuordnung der politischen Landschaft durch das Auftreten der UdSSR als zweite Weltmacht. Sie stellte sowohl ökonomisch als auch machtpolitisch und ideologisch eine Herausforderung für die USA dar.

Während sich Westeuropa politisch wie wirtschaftlich an den kapitalistischen USA orientierte, kam Osteuropa nach dem Ende des Zweiten Weltkrieges durch die Präsenz der Roten Armee unter sowjetischen und damit sozialistischen Einfluss. Die neuen europäischen Machtverhältnisse sowie der Gegensatz beider Systeme manifestierten sich auf deutschem Boden in der Aufteilung des besiegten Landes in eine amerikanische, britische, französische und in eine sowjetische Besatzungszone. Im Zuge der wachsenden Spannungen zwischen der UdSSR auf der einen sowie den USA und ihren Verbündeten auf der anderen Seite zeichnete sich bald ab, dass eine Vereinigung der westlichen und östlichen Besatzungszonen oder gar die Neutralität eines zukünftigen eigenständigen deutschen Staates im Kontext des Kalten Krieges auf friedlichem Wege nicht erreichbar waren.

Der Systemkonflikt wurde bald nach dem Ende des Zweiten Weltkrieges zu der die internationalen Beziehungen prägenden politischen Kraft. Zwischen 1946 und 1947 spitzte sich der Konflikt so zu, dass man von diesen Zeitpunkt an vom »Kalten Krieg« sprach. Er besiegelte die Teilung Europas und Deutschlands, die für die nächsten gut 40 Jahre das Gesicht Europas und der gesamten Weltpolitik bestimmte. Es entstanden nicht nur zwei wirtschaftlich konkurrierende Blöcke, sondern auch mit der westlichen Nato (gegründet 1949) und dem sowjetisch dominierten Warschauer Pakt (gegründet 1955) zwei militärische Bündnisse, die sich aufgrund ihrer Weltsichten und Gesellschaftsvisionen so unversöhnlich gegenüberstanden, dass die Nachkriegsordnung den Charakter einer bipolaren Ordnung annahm.

Diese Bipolarität übertrug sich auf die Ebene der Weltpolitik: Der Systemkonflikt Kapitalismus vs. Kommunismus wurde das nahezu alle politischen, gesellschaftlichen und ökonomischen Entwicklungen ordnende Koordinatensystem. Beide Pole waren bemüht, ihre Einflussbereiche zu konsolidieren.

Durch den Prozess der Entkolonialisierung entstanden Dutzende neuer, unabhängiger Staaten. Deren wirtschaftliche Integration fand nun nicht mehr durch das Kolonialsystem statt, sondern basierte auf der nationalen Souveränität der postkolonialen Staaten. Die Befreiungskonflikte in weiten Teilen der Welt entwickelten sich zu »internationalisierten Konflikten«, in denen sich keine rein regionalen oder nationalen Interessen gegenüberstanden, sondern die Konfliktlinien durch den weltweit beherrschenden Systemkonflikt bestimmt wurden. Nicht immer war dies einer direkten Einmischung der beiden Großmächte oder der ehemaligen Kolonialmächte geschuldet. Vielmehr prägte der Konflikt der beiden Wirtschafts- und Ideologiesysteme die innenpolitische Entwicklung und Formulierung von Interessen und Interessengruppen. Die Einteilung politischer Lager in »links« und »rechts« und in entsprechende wirtschaftliche Organisationsformen wurde zum globalen Muster.

Der Ost-West-Konflikt war auch insofern ein globaler Konflikt, als dass er die neu geschaffenen internationalen politischen Institutionen prägte. So saßen sich im UN-Sicherheitsrat beide Lager gegenüber, was dazu führte, dass das Gremium in vielen Angelegenheiten die erforderliche Einstimmigkeit der Beschlüsse nicht erreichte oder durch die Vetomacht der Großmächte nicht beschlussfähig war. Die Rolle der die Politik dominierenden Staatengemeinschaften übernahmen daher zunehmend das westliche Verteidigungsbündnis Nato und ihr östliches Pendant, der Warschauer Pakt. Die Vereinten Nationen wirkten dagegen vorwiegend im humanitären Bereich sowie in der Stabilisierung regionaler Konfliktzonen.

Auch wenn die beiden Großmächte USA und UdSSR niemals direkt gegeneinander Krieg führten, drohte die Situation doch mitunter zu eskalieren. Sowohl die Blockade Westberlins durch die UdSSR 1949 als auch das einsetzende Wettrüsten und die Stationierung weit reichender konventioneller und atomarer Waffensysteme brachten die bipolare Welt einige Male an den Rand eines weiteren Weltkrieges. Eine zusätzliche Verschärfung erfuhr der Kalte Krieg im Jahre 1949 durch die Gründung der sozialistischen Volksrepublik China. Dieses Ereignis wurde im Westen als schwere Niederlage aufgefasst: Eines der größten Länder der Erde war »Bestandteil des internationalen Kommunismus« geworden, was die politischen Machtkonstellationen in Asien nachhaltig veränderte. Die Internationalisierung von Konflikten führte amerikanische Truppen in regionalen Konflikten wie dem Koreakrieg (1950 bis 1953) oder dem Vietnamkrieg (1964 bis 1975) in direkte Kampfhandlungen mit chinesisch oder sowjetisch unterstützten Armeeverbänden. Mit dem Bau der Berliner Mauer im Jahre 1961 und der durch die Stationierung sowjetischer Langstreckenwaffen auf Kuba ausgelösten »Kuba-Krise« erfuhr der Kalte Krieg zwei weitere Höhepunkte.

Dennoch: Der Kalte Krieg eskalierte nicht zu einer direkten atomaren Konfrontation der beiden Supermächte. Die Spannungen zwischen den beiden Polen der Weltordnung entluden sich in zahlreichen regionalen Konflikten, die die Funktion von »Stellvertreterkriegen« übernahmen. Trotz dieser sehr blutigen Kriege, der beidseitigen atomaren Hochrüstung und der bellizistischen Rhetorik entwickelte sich im direkten Verhältnis zwischen beiden Großmächten eine gewisse Stabilität. Sie basierte auf mehreren Voraussetzungen: Zum einen verhinderte die relative machtpolitische wie militärische Ausgeglichenheit der beiden Blöcke schwerwiegende Veränderungen auf der internationalen Bühne und fror die internationalen Beziehungen ein; zum anderen konnten aufkommende Krisen durch ein ständig weiterentwickeltes

Krisenmanagement und durch das beiderseitige Bestreben, den Status quo zu sichern und den großen Konflikt zu verhindern, entschärft werden. So wurde die Kuba-Krise, die die Welt in die Nähe einer nuklearen Katastrophe führte, durch einen Kompromiss beigelegt. Der sowjetische Staatschef Nikita Chruschtschow zog die sowjetischen Raketen aus Kuba ab, im Gegenzug sicherte US-Präsident John F. Kennedy zu, das sozialistische Kuba nicht militärisch anzugreifen und seinerseits die auf die UdSSR gerichteten Raketen aus der Türkei abzuziehen.

Nicht zuletzt stellte auch die politische und ökonomische Vormachtstellung der beiden Weltmächte innerhalb ihrer Bündnisse deren Kohärenz sicher. Während die USA diese Vormachtstellung durch ihr ökonomisches Übergewicht zu sichern wussten, setzte die UdSSR zur Stabilisierung ihrer Einflusssphären verstärkt auf ihre militärische Macht.

Der Kalte Krieg machte die nach dem Ende des Zweiten Weltkrieges aufkommende Hoffnung auf eine friedliche internationale Kooperation schnell zunichte. Er teilte die Welt in zwei Lager, die sich politisch und ökonomisch unvereinbar gegenüberstanden. Dennoch sorgte dieses »Patt« für eine gewisse Stabilität – die Spannungen entluden sich in regionalen Stellvertreterkriegen, mündeten aber nicht in einer globalen Konfrontation der beiden Supermächte.

Politische Klimaschwankungen und das Ende der Eiszeit

Der Kalte Krieg fror die bipolare Grundstruktur der Weltordnung ein und konservierte sie für mehr als 40 Jahre. Aber es gab auch »wärmere Phasen«, in denen die Konfrontation durch kooperativere Beziehungen zwischen den beiden Blöcken abgeschwächt wurde. Das Ende des Kalten Krieges wurde nicht militärisch herbeigeführt: Die Implosion der Sowjetunion und des »real existierenden Sozialismus« traf die westliche Welt überraschend und unvorbereitet.

Neben krisenhaften Zuspitzungen und Zeiten virulenter feindlicher Rhetorik wies der Kalte Krieg – gerade durch das Fortbestehen des grundlegenden Systemkonfliktes und die zahlreichen regionalen »Stellvertreterkriege« – auch Phasen der Entspannung auf. Die Veränderung der politischen Kulturen innerhalb der beiden Systeme – im Westen vor allem bedingt durch die zutage tretende Schwäche der US-Wirtschaft und die hieraus resultierenden bündnisinternen Spannungen – sowie militärstrategischer und politischer Prioritätensetzungen führte dazu, dass der Systemkonflikt während der 70er-Jahre an Intensität verlor. Begriffe wie »Entspannungspolitik« oder »Politik der friedlichen Koexistenz« sowie die einsetzende Abrüstungspolitik repräsentieren die Modulationen des Grundkonfliktes, die zwar an der grundlegenden bipolaren Struktur der Weltordnung nichts änderten, aber dennoch die Hoffnung der Menschen nährten, die Systemkonfrontation friedlich überwinden zu können.

Eine erneute Verschärfung erfuhr der Konflikt jedoch Ende der 70er- und zu Beginn der 80er-Jahre. Im Westen wird mit dieser Entwicklung vor allem die US-Präsidentschaft Ronald Reagans verbunden. Seine berühmte Rede, in der er Anfang der 80er-Jahre die UdSSR als das »Reich des Bösen« bezeichnete, gilt vielen als

Beginn des »zweiten Kalten Krieges«. Obwohl auf der Ebene der Propaganda vergleichbar, unterschied sich der zweite Kalte Krieg in einer Hinsicht grundlegend vom ersten: Als sich die Beziehungen zwischen Ost und West 1946/1947 verschärften, standen die USA auf dem Höhepunkt ihrer Macht. Ihre ökonomische Dominanz war überwältigend und sorgte für klare Verhältnisse und eindeutige Konfliktlinien. Der zweite Kalte Krieg hingegen begann in einer Phase, in der die Wirtschaftskraft der USA nachließ und mit ihr die politische Autorität innerhalb des westlichen Lagers. Als Auslöser für diese Verschlechterung des weltpolitischen Klimas gelten in erster Linie die sowjetische Invasion in Afghanistan, der Sturz des prowestlichen Schah-Regimes im Iran sowie das Anziehen des Rüstungswettlaufs auf europäischem Boden. Zu erklären sind diese Ereignisse jedoch nur vor dem Hintergrund der schwindenden amerikanischen Vorherrschaft. Mit der Stationierung neuer Waffensysteme auf beiden Seiten des Eisernen Vorhangs endete für Europa die Phase der Entspannungspolitik.

In den 80er-Jahren zeichnete sich im Westen zudem eine grundlegende Verschiebung der ökonomischen Machtverhältnisse ab: Gegenüber den europäischen Nationalökonomien verlor die US-Wirtschaft weiter an Boden, der europäische Einigungsprozess machte Fortschritte, und es kam zu starken Spannungen zwischen den Bündnispartnern, die sich vor allem im Bereich der Handels- und Wirtschaftspolitik bewegten. Die Versuche der Regierung Reagan, in der Wirtschaftspolitik umzusteuern (»Reagonomics«), und die zeitgleiche Verschärfung des Tons gegenüber der Sowjetunion brachten das amerikanische Bestreben nach Festigung der eigenen Vormachtstellung im westlichen Lager und nach Festigung des Bündnisses durch eine schärfere Abgrenzung gegenüber dem Ostblock zum Ausdruck. Das Wiederaufleben der Feindseligkeiten führte aber nicht zu der erwünschten ideologischen Neuausrichtung der westlichen Gesellschaften, wie es noch zu Beginn des Kalten Krieges der Fall war. Zwar übernahmen in Großbritannien und Deutschland mit Margaret Thatcher und Helmut Kohl konservative Politiker die Regierung, aber eine grundlegende konservative Wende im Sinne einer klar antikommunistischen Orientierung gelang ihnen nicht. Zwar verschärfte sich der Ton in den Ost-West-Beziehungen, dennoch waren beide Seiten weiterhin auf Kooperation aus. Gerade auch konservative westliche Politiker waren mehr und mehr bereit, über eine großzügige Kreditvergabe die kränkelnden osteuropäischen Staaten zu stabilisieren. Der Ostblock war auf diese Hilfe angewiesen. Immer weniger war die UdSSR in der Lage, den Wettkampf der Systeme offen zu gestalten und das osteuropäische Staatensystem zusammenzuhalten.

Wie schwerwiegend die ökonomische und politische Krise der Sowjetunion tatsächlich war, zeigten ab Mitte bzw. Ende der 80er-Jahre die vom sowjetischen Staats- und Parteichef Michail Gorbatschow eingeleitete Politik der Öffnung und die Rasanz, mit der der sowjetisch dominierte Machtblock implodierte. Nach Jahrzehnten des Kalten Krieges und der scheinbar auf ewig eingefrorenen Pattsituation vollzog sich binnen weniger Monate, woran im Westen kaum jemand zu hoffen wagte: Am 9. November 1989 fiel die Berliner Mauer und läutete das Ende einer weltgeschichtlichen Epoche ein.

Der Niedergang des Ostblocks und damit das Ende des Kalten Krieges vernichtete auch die machtpolitischen Voraussetzungen der Nachkriegsordnung und ermöglichte die Überwindung der europäischen und deutschen Teilung. In der Folge des Mauerfalls und der Volkskammerwahl in der DDR im März 1990, die ein eindeutiges Votum für die Wiedervereinigung der beiden deutschen Staaten abgab, nahmen die Außenminister der vier Siegermächte zusammen mit ihren Kollegen aus den beiden deutschen Staaten im Mai 1990 in den so genannten Zwei-plus-Vier-Gesprächen Beratungen über den deutschen Wiedervereinigungsprozess auf. Der sowjetische Präsident Michail Gorbatschow erteilte im Juli 1990 seine Zustimmung zur Deutschen Einheit, und am 12. September unterzeichneten die sechs Außenminister in Moskau den »Zwei-plus-Vier-Vertrag«, mit dem die Vereinigten

Staaten, die Sowjetunion, Großbritannien und Frankreich dem vereinigten Deutschland die volle Souveränität gewährten.

Mit der deutschen Wiedervereinigung am 3. Oktober 1990, der Auflösung des Warschauer Paktes am 1. April 1991 und der Sowjetunion am 31. Dezember desselben Jahres war die bipolare Nachkriegsordnung endgültig Geschichte.

Die Neue Weltordnung: Ära des Friedens oder Neue Unordnung?

Das Ende der Ost-West-Konfrontation wurde als Beginn einer neuen Ära des Friedens begrüßt. Doch es wurde auch die Befürchtung geäußert, das Ende der kommunistischen Herrschaft könne zu einem Aufflammen alter religiös und kulturell motivierter Konflikte führen.

Der Einmarsch irakischer Truppen nach Kuwait am 2. August 1990, die offizielle Annexion des Emirates am 25. August und der sich daran anschließende Golfkrieg im Frühjahr 1991 war ein Rückschlag für alle, die mit dem Ende des Kalten Krieges die Hoffnung auf eine Zukunft ohne Kriege verbanden. Der von den USA angeführte Krieg zur Befreiung Kuwaits vereinte zwar das westliche Lager und schien zunächst die Annahme zu bestätigen, die Welt werde sich unter der Führung der Vereinigten Staaten in groben Zügen über die Fragen von Krieg und Frieden einig werden. Jedoch war der Golfkrieg der vorerst letzte Krieg, in dem es den USA gelang, Einigkeit im Westen herzustellen.

Schon die Entwicklung der Krise auf dem Balkan Anfang der 90er-Jahre deutete an, dass von einer »natürlich« wachsenden Einigkeit im Umgang mit regionalen Krisen keine Rede sein konnte. Während Deutschland auf die Anerkennung Sloweniens und Kroatiens drang, zeigten sich die übrigen europäischen Staaten wie auch die USA sehr skeptisch und betonten die möglichen Risiken, die der Zerfall des jugoslawischen Staates bergen könnte. Die Balkankrise machte deutlich, dass mit dem Wegfall der bipolaren Weltordnung auch die festgefügten Hierarchien im Westen nicht mehr unhinterfragt akzeptiert wurden.

Der Zerfall der Sowjetunion hatte auch die Institutionen des Kalten Krieges wie z. B. den Internationalen Währungsfonds, die Weltbank und die Nato ihrer ursprünglichen Bedeutung beraubt.

Diese Institutionen verschwanden nicht, veränderten aber grundlegend ihren Charakter. Am Beispiel der Nato wird dieser Wandel besonders deutlich. Das ursprünglich zur Verteidigung gegen die UdSSR und ihre Verbündeten gegründete Bündnis hat sich seit dem Ende des Ost-West-Konflikts nicht nur nach Osten geöffnet und erweitert, sondern versteht sich heute als globales Krisenpräventions- und Interventionsbündnis. Die Tatsache, dass die Nato 1999 im Kosovo, also zehn Jahre nach dem Ende des Kalten Krieges, ihren ersten offiziellen Krieg führte, unterstreicht diese Entwicklung.

Die Vormachtstellung der Vereinigten Staaten von Amerika als einziger Weltmacht besteht fort. Selbst vorübergehende Eintrübungen und Konflikte haben nicht zu einem tief gehenden Bruch innerhalb des Westens geführt. Trotz aller diplomatischen Krisen, wie wir sie jüngst im Zuge des Irakkrieges erleben konnten: Der Wunsch nach Kooperation überwiegt, wenngleich nicht mehr in der Eindeutigkeit, wie sie während des Systemkonflikts herrschte. Das Bündnis ist labiler geworden, wie die Auseinandersetzungen über den Einmarsch im Irak eindrucksvoll unter Beweis stellten.

Die von George Bush sen. 1991 proklamierte »Neue Weltordnung« ist »neu«, da ihr mit dem Ende der Systemkonfrontation das alte politische Koordinatensystem abhanden gekommen ist. Ihr fehlt jedoch ein kohärentes und kohärierendes Wertesystem, das in der Lage wäre, dauerhafte politische Stabilität zu erzeugen. Bislang ist nicht eindeutig abzusehen, wie sich der Charakter der internationalen Beziehungen in Zukunft entwickeln wird.

Kolonialordnung im Widerstreit: Gleichheitsgebot und Machtgefälle

Mit der Moderne etablierten sich gesellschaftliche Vorstellungen und Leitbilder, die nur allzu schnell in Widerspruch zu den gesellschaftlichen Realitäten gerieten. Die Ideale von Freiheit und Gleichheit standen in krassem Widerspruch zu der sich entwickelnden Kolonialordnung, die, wenn überhaupt, immer nur eingeschränkte Bürgerrechte in unterworfenen Gebieten zuließ.

Die koloniale Weltordnung war von ihrem Wesen her eine europäische, durch dezidiert europäisches Denken und europäische Fragestellungen geprägt. Die entscheidenden Triebkräfte der Entwicklung dieses Denkens waren einerseits die Aufklärung sowie andererseits die industrielle Revolution und die an Dynamik gewinnende kapitalistische Wirtschaftsweise.

Die wichtigen Kategorien des Denkens der Aufklärung lassen sich wie folgt zusammenfassen: Die Entwertung traditioneller, religiös dominierter und irrationaler Vorstellungen zugunsten von Wissenschaft und Vernunft vereinte sich mit den Werten Freiheit, Gerechtigkeit und Gleichheit zu einem Ideenkonglomerat, das den Ansprüchen und Zielen eines die feudalen Fesseln sprengenden Bürgertums am ehesten entsprach. Mit ihrem ökonomischen und politischen Siegeszug und der Ablösung der alten feudalen Strukturen wurden diese Werte für das europäische Denken zu zentralen Pfeilern des modernen europäischen Selbstverständnisses.

Zeitgleich entwickelten sich jedoch neue soziale Konflikte, die ihrerseits wiederum das Denken beeinflussten. Der Anspruch, eine neue Gesellschaft auf der Basis von Freiheit, Gerechtigkeit und Gleichheit aufzubauen, geriet im Zuge der rasanten Veränderungen schnell in Widerspruch zu den neuen Realitäten: Zwar von den Fesseln des Feudalismus erlöst, fanden sich große Teile der

Bevölkerung bald als entwurzeltes Proletariat in den neuen Industriezentren des Frühkapitalismus in neuer Abhängigkeit wieder. Die wachsende und sich radikalisierende Arbeiterklasse stand der Klasse des kapitalistischen Bürgertums gegenüber. Letztere musste die gesellschaftlichen Verhältnisse und ihren Führungsanspruch legitimieren und verteidigen.

Bürgerliche Herrschaftstheorien hatten der Rechtfertigung der europäischen sozialen und politischen Ordnung zu dienen, mussten zugleich aber mit den als universell deklarierten Werten der Moderne umgehen. Eine Rückkehr zu »gottgegebenen Hierarchien« war unmöglich und auch nicht erwünscht; ihre Herrschaftsformen und -ansprüche mussten die neuen bürgerlichen Eliten auf »rationale« Art definieren und legitimieren.

Imperialer Anspruch klassisch: Die »Überlegenheit des weißen Mannes«

Dass die neue Gesellschaft trotz anders lautender Ideale Armut »und« Reichtum reproduzierte und die sozialen Unterschiede sich eher noch verschärften, brachte die Verfechter der bürgerlichen Ordnung in ideologische und reale Bedrängnis. Es entwickelten sich Elite- und Überlegenheitstheorien, die dem Bedürfnis der herrschenden Eliten nach Rechtfertigung ihrer Stellung Rechnung trugen.

Mit der Arbeiterbewegung formierte sich eine politische Kraft, die das eben noch im Kampf gegen den Adel »revolutionär« ausgerichtete Bürgertum bedrohte und es nun selbst in die Rolle der konservativen »Klasse des Status quo« drängte. Die Vorstellung, das neue System produziere entwurzelte und mittellose, aber gleichzeitig durch ihre Rolle im Produktionsprozess machtvolle und potenziell feindliche »Massen«, die weder ökonomisch noch politisch in das System zu integrieren seien, lähmte den aufklärerischen Elan großer Teile des europäischen Bürgertums. Proletarische Umsturz- und Revolutionsversuche wie etwa die Errichtung der Pariser Kommune (18. März bis 28. Mai 1871) und deren blutige Niederschlagung verstärkten noch zusätzlich den militaristischen und repressiven Charakter der europäischen Ordnung.

An die Stelle des revolutionären Strebens nach Gleichheit und Brüderlichkeit traten im Laufe des 19. Jahrhunderts konservative Elitetheorien, die die Ungleichheit und die Machtverhältnisse zu erklären und zu stabilisieren versuchten. Die Protagonisten der Elitetheorien – einflussreich sind die italienischen Soziologen Vilfredo Pareto und Gaetano Mosca – sahen das Überleben der durch revolutionäre Massenbewegungen bedrohten Gesellschaft des 19. Jahrhunderts allein durch die Existenz von Eliten im Sinne einer leistungsfähigen Minorität der Besten gewährleistet.

Die Herrschaft der Eliten über die niederen Klassen wurde gemäß dieser Theorien zur Voraussetzung für das Fortbestehen der modernen Industriegesellschaft. Es zeigte sich, wie weit die Realität der bürgerlichen Gesellschaft bereits von ihren demokratischen Idealen abgerückt war.

Auch an anderen Fronten bröckelte im Zuge der wachsenden sozialen Konflikte der Glaube an die Maßgaben der Aufklärung. Philosophen wie Friedrich Nietzsche begannen, den Rationalismus in Frage zu stellen, und forderten eine Abkehr vom positivistischen Glauben an Fortschritt und Entwicklung. Andere wiederum erklärten Ungleichheit und die Existenz von Armut zu naturbedingten Konstanten, die nicht zu stoppen, bestenfalls einzudämmen seien. »Wissenschaftliche« Erklärungen bestehender Ungleichheiten sollten dazu dienen, die Unzulänglichkeiten und Missstände der neu entstandenen Gesellschafts- und Wirtschaftsordnung als logische Folge natürlicher Gesetzmäßigkeiten zu legitimieren. Unter der »Eindämmung« von Armut wurde die repressive Verhinderung des Wachstums der armen und – gerade im anbrechenden Zeitalter der Massendemokratien – potenziell gefährlichen und rebellischen Massen verstanden. So galt die »negative Eugenik« – die Vorstellung, die Fortpflanzung ärmerer Schichten durch repressive staatliche Bevölkerungspolitik zu verhindern – in dieser Zeit nicht wenigen als sehr progressive Art, mit dem Armutsproblem umzugehen.

»Der oberflächliche, es gut meinende Mann wirft dem Bettler ein Geldstück zu; der engagiertere Mann baut ein Armenhaus, so dass der Bettler nicht mehr betteln muss; vielleicht am radikalsten offenbart aber derjenige sein Mitgefühl, der sicherstellt, dass der Bettler nicht geboren wird.« (Ausspruch des berühmten britischen Sexualforschers Dr. Havelock Ellis [1859–1939], zit. nach: Kenan Malik: *The Meaning of Race*)

In ähnlicher Weise gestaltete sich die politische Landschaft auf der Ebene der Weltpolitik. Auch hier sahen sich die europäischen Eliten – in ihrer Rolle als Kolonialherren – den unzivilisierten und gefährlichen »Massen« gegenüber; auch hier bedurfte es neben zum Teil brachialer Militärgewalt selbstvergewissernder ideologischer Konstrukte, um die Verhältnisse in den Kolonien zu stabilisieren und mit den Ansprüchen der zivilisierten Welt in Einklang zu bringen.

Der moderne Kolonialismus basierte ideologisch auf einem missionarischen Sendungsbewusstsein und dem Glauben an die Überlegenheit der weißen Rasse und ihrer Zivilisation. Er setzte in den 70er-Jahren des 19. Jahrhunderts in Großbritannien ein und prägte in den folgenden Jahrzehnten in den europäischen Metropolen das politische Klima. So beschrieb der einflussreiche britische Kolonialpolitiker und spätere Premierminister der südafrikanischen Burenrepublik Cecil Rhodes 1877 den Sendungsauftrag der britischen »Rasse« wie folgt: »Ich behaupte, daß wir die erste Rasse in der Welt sind und daß es um so besser für die menschliche Rasse ist, je mehr von der Welt wir bewohnen ... Die Förderung des britischen Weltreiches ..., um die angelsächsische Rasse zu einem einigen Weltreich zu machen. Was für ein Traum!« (Bongertmann, Ulrich u. a.: *Epochen und Strukturen*, Bd. 2, Frankfurt/Main 1996)

Rhodes war es auch, der sehr deutlich auf die Verbindung zwischen dem imperialistischen Denken und dem Streben nach innenpolitischer Stabilität hinwies: »Meine große Idee ist die Lösung des sozialen Problems, das heißt, um die 40 Millionen Einwohner des Vereinten Königreichs vor einem mörderischen Bürgerkrieg zu schützen, müssen wir Kolonialpolitiker neue Ländereien erschließen, um den Überschuss an Bevölkerung aufzunehmen und neue Absatzgebiete zu schaffen für die Waren, die sie in ihren Fabriken und Minen erzeugen. Das Empire, das habe ich stets gesagt, ist eine Magenfrage. Wenn Sie den Bürgerkrieg nicht wollen, müssen Sie Imperialisten werden.« (zit. nach: V. I. Lenin: *Der Imperialismus als höchstes Stadium des Kapitalismus*)

In diesem politischen Klima erlangten scheinbar wissenschaftlich unterlegte »Rassentheorien« große politische Bedeutung. Naturwissenschaftliche Erkenntnisse wurden zu politischen Zwecken umgedeutet. So übertrug die Theorie des so genannten »Sozialdarwinismus« die evolutionstheoretischen Erkenntnisse des Naturwissenschaftlers Charles Darwin auf die politische und soziale Ebene: Demnach waren die »natürliche Auslese« und der Sieg des Stärkeren über den Schwächeren das gottgegebene Handlungs- und Funktionsprinzip der modernen Gesellschaft. Biologische Unterschiede zwischen den Rassen wurden bemüht, um »Negern« und »Asiaten« eine niedere Intelligenz zu bescheinigen. Ihnen stand der europäische Herrenmensch gegenüber, dessen göttlicher Auftrag es sei, die Zivilisation auszudehnen, gegen »die Wilden« zu verteidigen oder diese als Sklaven und Schutzbefohlene nutzbar zu machen. So behauptete der angesehene französische Diplomat Gobineau in seinem »Essai sur l'inégalité des races humaines« (Über die Ungleichheit der menschlichen Rassen) schon Mitte des 19. Jahrhunderts, dass die »arische« Rasse allen anderen Rassen körperlich und geistig überlegen sei.

Die »niederen Rassen« taugten seiner Ansicht nach allenfalls zur Knechtschaft. Eine »fortschreitende Rassenmischung« stellte er als Hauptursache für den »Kulturverfall« dar und als die größte Gefahr für die Überlegenheit der »arischen weißen Rasse«. Einer der frühen Vertreter sozialdarwinistischen Denkens war der britische Philosoph Herbert Spencer (1820–1903). Er ging davon aus, die menschlichen Gesellschaften unterlägen wie Populationen anderer Lebewesen einem Entwicklungsprozess, in dem das Überleben der Stärksten einer Generation (im direkten und metaphorischen Sinn), auch unter dem englischen Namen »survival of the fittest« bekannt geworden, zu einer permanenten Verbesserung der Gruppe führe.

In dem gleichen Tenor schilderte der britische Schriftsteller Houston Stewart Chamberlain (1855–1927) – beeinflusst von der Rassenlehre Gobineaus und von den Schriften Richard Wagners – in seinem 1899 erschienenen Buch *Die Grundlagen des 19. Jahrhunderts* die abendländische Geschichte als einen Kampf zwischen den »höheren« und »niederen« Rassen.

Die diesen Vorstellungen zugrunde liegende Angst der Eliten vor den Massen fand ihren wissenschaftlichen Ausdruck auch in der neuen Disziplin der »Massenpsychologie«. Für ihren Begründer, den französischen Arzt und Soziologen Gustave Le Bon (1841–1931), stehen die Menschen unter dem zwiespältigen Einfluss von Vernunft einerseits und Instinkt andererseits. Während die gesellschaftlichen Eliten in der Lage seien, Instinkte zum Wohle der Vernunft zu kontrollieren und zu unterdrücken, galten ihm die Massen als gänzlich instinktgesteuert, animalisch und destruktiv – mithin als »eine Herde, die sich ohne Hirten nicht zu helfen weiß«. Le Bon vertrat die Ansicht, »dass die Kultur uns nicht zur intellektuellen Gleichheit, sondern zu einer immer größer werdenden Ungleichheit führt«. Soziale Differenzierung ist nach dieser Lesart ein Gradmesser für die kulturelle Entwicklung einer Gesellschaft: Gleichheit bedeutet Primitivität, Ungleichheit ist die Voraussetzung für Fortschritt. Dementsprechend kritisierte Le Bon die Massendemokratie und die Idee der »Freiheit« als gefährlich und ignorant. Für ihn galt die Versklavung als »natürlicher Zustand jedes Lebewesens« (Gustave Le Bon: *Psychologie der Massen*, veröffentlicht 1895).

Derartige Vorstellungen setzten sich in einer wachsenden Brutalisierung der internationalen Politik um, die auch den Umgang mit den heimischen »Massen« prägte. Dass im Überlebenskampf letztlich die mächtigen Nationen – und innerhalb dieser die herrschenden Eliten – obsiegen würden und müssten, diente dem Kolonialismus wie auch der europäischen Gesellschaftsordnung als biologistische Legitimation.

Die Elite- und Rassenideologien legten die Basis dafür, die europäischen Gesellschaften trotz all ihrer sozialen Zerrissenheit und ihrer inneren Konflikte um die Idee der Nation und der natürlichen Überlegenheit zu kohärieren. Entsprechend tief verwurzelt und verbreitet war rassistisches Gedankengut in allen europäischen Gesellschaften.

Variationen der Überlegenheitsideologie

Die europäische Vorstellung einer »Bürde des weißen Mannes« – der Begriff entstammt dem gleichnamigen, 1899 veröffentlichten Gedicht von Rudyard Kipling – manifestierte sich in unterschiedlichen nationalen Varianten.

Großbritannien zog als Vorreiter der industriellen und demokratischen Entwicklung sein imperiales Sendungsbewusstsein aus seiner bereits bestehenden Weltmachtstellung. Als »Mutterland« von Demokratie, Fortschritt und Entwicklung stand es im Zentrum des »British Empire«, dessen einzelne Länder der britischen Krone zu dienen sich verpflichteten.

Im französischen Imperialismus spielte das Nationalbewusstsein der »Grande Nation« als Ursprung der bürgerlichen Revolution und Heimat Napoleons eine große Rolle. Entsprechend spielte die zivilisatorische Mission (»mission civilisatrice«) zur Legitimation französischer Großmachtpolitik eine entscheidende Rolle. Naturgemäß stand Frankreich in Konkurrenz zu Großbritannien und spätestens nach der Niederlage im Krieg gegen Preußen 1870/71 auch zu einem sich daraufhin konstituierenden Deutschen Reich.

Der deutsche Anspruch auf Weltmachtpolitik gründete sich ebenfalls auf dem missionarisch-rassistischen Gedankengut der »weißen überlegenen Rasse«, richtete sich aber zudem auch direkt gegen die etablierten europäischen Großmächte. Die späte Gründung des deutschen Nationalstaats im Jahre 1871 hatte zur Folge, dass das deutsche Nationalbewusstsein kein historisch gewachsenes, sondern ein »junges« und bewusst konstruiertes war, was seinen politischen und damit auch militaristischen Charakter erklärt. Die als demütigend empfundene Niederlage des Deutschen Reiches im Ersten Weltkrieg, der Verlust des gesamten Kolonialbesitzes sowie die extrem instabile innenpolitische Situation der Weimarer Republik führten in den 20er-Jahren in deutschen konservativen Kreisen zu einer enormen Radikalisierung nationalistischen und rassistischen Denkens. Auf die Spitze getrieben wurde dieses Denken in der von Adolf Hitler popularisierten Doktrin des »Lebensraumes«: Die Schaffung von Lebensraum im Osten war nach seiner Auffassung nur durch einen Krieg gegen die Sowjetunion und die Vernichtung des europäischen Judentums zu erreichen; daran anschließen sollte sich die Erringung der Herrschaft auf dem ganzen europäischen Kontinent und schließlich die weltweite Herrschaft des arischen »Herrenvolkes«.

Die US-amerikanische Variante des »Überlegenheitsdenkens« unterschied sich von der europäischen »Bürde des weißen Mannes«. Entstanden aus ehemaligen europäischen Kolonien, zeichneten sich die USA und ihr Selbstverständnis weniger durch Traditionsdenken aus, sondern durch eine antikoloniale und zuweilen auch antieuropäische Stoßrichtung. Seit den 1840er-Jahren umschrieb das Schlagwort des »Manifest Destiny«, also des »offenkundigen Schicksals« oder der »nationalen Bestimmung«, die amerikanische Expansionspolitik. Die Vereinigten Staaten nahmen für sich in Anspruch, den nordamerikanischen Kontinent vom Atlantik bis zum Pazifik ihrem »Reich der Freiheit« einzuverleiben. Das amerikanische »Manifest Destiny« war zwar mit der europäischen Superioritäts-Ideologie durchaus verwandt – es trug ebenfalls stark rassistische und religiöse Züge –, es war aber darüber hinaus durch den Glauben an Fortschritt, an die kapitalistische Moderne und durch einen expliziten Expansionsdrang unterfüttert. In seinem 1885 veröffentlichten Bestseller *Our Country. Its Possible Future and Its Present Crisis* formulierte der amerikanische Geistliche Josiah Strong die Mission seines Landes wie folgt: »Diese mächtige [amerikanische] Rasse wird bis nach Mexiko vorstoßen, bis nach Zentral- und Südamerika, bis auf die Inseln im Atlantik, nach Afrika und weit darüber hinaus. Und kann irgendjemand daran zweifeln, dass das Ergebnis dieses Wettbewerbs der Rassen das Überleben des Stärksten sein wird?« (zit. nach: Detlef Junker: *Power And Mission. Was Amerika antreibt*, S. 31)

Da sich der amerikanische Führungsanspruch auf die westliche Hemisphäre – den gesamten amerikanischen Kontinent – bezog, gerieten die USA in direkten Konflikt mit den in Amerika Besitz unterhaltenden europäischen Kolonialmächten, allen voran mit Spanien. Im amerikanisch-spanischen Krieg 1898 bis 1899 verlor Spanien seine amerikanischen Kolonien an die USA, die diese fortan als ihre Protektorate ansahen. Das »Manifest Destiny« blieb bis zum Zweiten Weltkrieg ein zentraler Pfeiler der US-amerikanischen nationalen Ideologie.

Im Vergleich zur Entwicklung des europäischen Kolonialismus und seinem amerikanischen Pendant nahm die Entwicklung Japans zur Großmacht und die dort kultivierte Überlegenheits-Ideologie eine Sonderrolle ein. Japan entwickelte sich nach seiner Öffnung für die westliche Welt Mitte des 19. Jahrhunderts aufgrund seiner Expansionspolitik, seiner Industrialisierung und dem starken Bevölkerungsanstieg schnell zu einer Großmacht in Asien. Spätestens seit dem Krieg gegen Russland im Jahre 1905 – erstmals wurde (abgesehen von der wenig beachteten Niederlage italienischer Truppen in Äthiopien 1896) mit Russland eine »weiße Nation« von einer »nichtweißen« Nation besiegt – musste Japans Großmachtstellung international eingestanden werden, ohne dass es jedoch als gleichberechtigter Partner im »Club der Großen« respektiert wurde. Zu stark war die rassisch begründete Arroganz der Europäer und Nordamerikaner gegenüber den »gelben« Asiaten. Schnell geriet Japan in Konflikt mit den europäischen Kolonialmächten, die um ihre Einflussgebiete in Asien fürchteten. Entsprechend richtete sich Japan auch ideologisch gegen den westlichen Kolonialismus. Symbolhaft für diese »antikoloniale« Großmachtpolitik war die japanische Losung »Asia for the Asians« – Asien den Asiaten, mit der das Land versuchte, sich an die Spitze einer antieuropäischen und antikolonialen asiatischen Bewegung zu setzen.

Schon das Erscheinen Japans auf der Bühne der Großmächte forderte den bis dato absoluten und als »natürlich« angesehenen

Herrschaftsanspruch des »weißen Mannes« heraus. Auch die Niederlagen der europäischen Großmächte Großbritannien und Spanien in Konflikten mit den USA wiesen den europäischen Führungsanspruch in seine Schranken. Es waren aber vor allem die wachsenden Spannungen zwischen den führenden »weißen« Kolonialmächten und ihre katastrophalen Exzesse, die sich Europa im Ersten Weltkrieg selbst zerfleischen ließen und somit die Idee der moralischen Überlegenheit des Westens unterminierten. Der Krieg im »Herz der menschlichen Zivilisation« offenbarte die Zerstörung des »weißen« Konsenses, eines zumindest abstrakt geltenden gemeinschaftlichen europäischen Führungsanspruchs, der trotz aller Rivalitäten und Spannungen den Umgang der »Herrenvölker« mit den »barbarischen« Rassen gekennzeichnet hatte.

Obgleich die Welt auch nach dem Ersten Weltkrieg weiterhin durch koloniale Verhältnisse und Politikstile geprägt war, war das Ende dieser Ordnung auf der Ebene der Ideologie absehbar. Bis in die 20er-Jahre hinein war der Begriff »Imperialismus« in europäischen und amerikanischen Eliten durchweg positiv besetzt. Auch liberale und linke Kritiker wendeten sich nicht gegen den Imperialismus per se, sondern gegen seine aggressiven und ausbeuterischen Formen. Doch die Kritik wuchs. Inspiriert durch Lenins Imperialismustheorie, die eine direkte Verbindung zwischen dem zwanghaften Expansionsdrang des Kapitalismus und den militaristischen Tendenzen herstellte, entwickelten sich antiimperialistische Strömungen. Zusätzlich stellten antikoloniale Revolten in Asien und im Nahen Osten die moralische Integrität des kolonialen Systems in Frage.

Die Zerstörung der ideologischen Kraft rassistischer und nationalistischer Theorien wurde erst durch die Exzesse des Zweiten Weltkrieges ausgelöst. Die von den Nationalsozialisten realisierte Umsetzung der Rassentheorien von der Isolierung bis hin zur industriellen Vernichtung »minderwertiger Rassen« sowie der Horror des totalen Krieges diskreditierten alle Ideologiekonzepte, die auf der Vorstellung von der Überlegenheit der europäischen Zivilisation beruhten.

Die Nachkriegsordnung: Das Ende von Nationalismus und Rassismus

Auf der Ebene der Ideologien sah sich die Welt nach dem Ende des Zweiten Weltkrieges mit einer völlig neuen Situation konfrontiert. Positiv besetzte Werte wie Nation und Rasse, die bis dahin der Legitimation der politischen Ordnung dienten, waren diskreditiert und stießen auf breite Ablehnung. Die Welt teilte sich in einen kapitalistischen und einen sozialistischen Block, was eine neue Ausrichtung politischen Denkens und Handelns nötig machte.

In seinem Werk *Das Dilemma des Konservatismus in Deutschland* beschreibt Martin Greiffenhagen die doppelte Mitverantwortung konservativen und nationalistischen Gedankenguts an der Machtergreifung Hitlers in Deutschland: durch die Affinität der konservativen Ideenwelt mit dem Nationalsozialismus, aber auch wegen der personellen Verstrickungen konservativer Kreise in die NS-Herrschaft. Selbst ein nationalkonservativer Denker wie Armin Mohler gab im Nachhinein zu, »mit einiger Geniertheit in dem [zu blättern], was sonst durchaus hellsichtige Konservative zwischen den beiden Weltkriegen über die Kolonialfrage geschrieben haben« (Armin Mohler: *Tendenzwende für Fortgeschrittene*, S. 88).

Dieses Wegbrechen alter Gewissheiten führte in konservativen Kreisen zu einer ausgeprägten Krise. Der Soziologe Helmut Schelsky beschrieb dieses Gefühl in den 50er-Jahren durchaus prägnant: »Unser Zeitalter wird durch das Fehlen jedes neuen Gedankens einer Welt- oder Gesellschaftsordnung gekennzeichnet …« (zit. nach: Martin Greiffenhagen: *Das Dilemma des Konservatismus*, S. 306)

Das galt jedoch nicht nur für Deutschland, sondern für die gesamte westliche Welt. Obschon die politische Szenerie in Europa und in den USA unmittelbar nach Ende des Zweiten Weltkriegs durch die einstimmige Verurteilung Nazi-Deutschlands geprägt und man bemüht war, die eigene rassistische, militaristische und antisemitische Vergangenheit möglichst nicht zu erwähnen, wurde doch klar, dass auch das Selbstbewusstsein der übrigen westlichen Staaten gelitten hatte. Zwischen dem Anspruch und der barbarischen Realität klaffte ein scheinbar unüberbrückbarer zivilisatorischer Abgrund.

Exemplarisch beschrieb der amerikanische Autor Daniel Bell in seinem bekannten Buch *The End of Ideology*, dass die alten Stützen der bürgerlichen Gesellschaft obsolet geworden seien und jegliche Ideologie Relevanz und Berechtigung verloren habe. Ähnlich sah es auch der Historiker Paul Kennedy, der den »Rückgang nationalistischer Geschichtsschreibung in der westlichen Welt« als eine der interessantesten Entwicklungen der Historiographie des 20. Jahrhunderts bezeichnete.

Während im Westen das »Ende des Nationalismus« als offensive Herrschaftsideologie die politische Nachkriegskultur prägte, entwickelte sich in der Dritten Welt ein antikolonial geprägter Nationalismus. Befreiungsbewegungen attackierten die Reste der kolonialen Ordnung und errichteten neue Nationalstaaten. Es fand gewissermaßen eine Umkehr statt: Während in Europa der Nationalismus seine moralische Integrität verloren hatte, begrüßten weite Kreise der europäischen und amerikanischen Bevölkerung das Erstarken nationaler Befreiungsbewegungen. Dies verstärkte wiederum die Defensivität nationalen Denkens im Westen.

Wie weit selbst in konservativen Kreisen die Vorbehalte auch gegenüber dem eigenen Wirtschaftssystem gingen, offenbarte das 1947 beschlossene »Ahlener Wirtschaftsprogramm« der Christlich Demokratischen Union Deutschlands. Die Partei wurde von ihren Gründungsmitgliedern nicht nur als »sozialistische Volkspartei« bezeichnet, sondern hielt auch programmatisch fest, dass »das kapitalistische Wirtschaftssystem ... den staatlichen und sozialen Lebensinteressen des deutschen Volkes nicht gerecht geworden« sei und Inhalt und Ziel der notwendigen Neuordnung daher »nicht mehr das kapitalistische Gewinn- und Machtstreben« sein könne.

Auf der ganzen Welt sah sich die kapitalistische Wirtschaftsordnung wachsender Kritik ausgesetzt, die nicht zuletzt auch durch die ideologische Strahlkraft und den politischen Einfluss der UdSSR in Europa gestützt wurde. Überall in Europa existierten antikapitalistische und sozialistisch geprägte Parteien; teilweise kamen sie, wie in Frankreich oder Italien, sogar in Regierungsverantwortung. Auch die wachsenden antikolonialen Nationalismen in Afrika, Asien und Arabien transportierten antikapitalistische Ideen und bemühten sich um strategische Nähe zur neuen Großmacht, der UdSSR.

Neben dem nationalistischen erfuhr auch das rassistische Denken infolge des Zweiten Weltkrieges und insbesondere des Holocaust eine enorme Diskreditierung. Selbst frühere Verfechter der Rassentheorien gingen auf Distanz zu ihrem Vorkriegsdenken – zumindest zu den politischen Umsetzungen. Begriffe wie »Rasse« und »Überlegenheit des weißen Mannes« verschwanden weitgehend aus dem politischen Vokabular. Sie entsprachen weder dem Zeitgeist noch der neuen weltpolitischen Lage.

Auch wenn diese Schlüsselbegriffe tabu waren, so galt dies nicht unbedingt für rassistisches Gedankengut im Allgemeinen. Die ihm zugrunde liegende Annahme darüber, dass die Menschheit sehr wohl wenn auch nicht in überlegene und unterentwickelte, so aber doch in »verschiedenartige« Gruppen zu unterteilen sei und entsprechende Zugehörigkeitsvorstellungen und Abgrenzungen natürlich seien, war aufgrund des Fortbestehens der nationalstaatlichen Ordnung auch weiterhin tief verankert und lebt bis heute fort. Ihren Ausdruck fand die Neujustierung des Verschiedenheits-Theorems in einem neuen soziologischen Vokabular. Begriffe wie »Ethnie«, »Kultur«, »kulturelles Erbe«, »historische Verantwortung« und »ethnisch geprägte Entwicklungswege« einzelner Völker stehen symbolhaft für das moderne Differenz- und Grenzendenken. Die Differenzierung wird nun nicht mehr biologisch, wohl aber soziologisch und kulturell begründet. Jedoch stellte Differenzdenken keine Basis für eine neue Überlegenheitsideologie dar.

Die politische wie ideologische »Stunde Null« in Europa war der Beginn der amerikanischen Dominanz. Die alte Kolonialideologie war diskreditiert, und auch der Weltkrieg konnte auf dem europäischen Kontinent nur unter großem Einsatz amerikanischer Streitkräfte beendet werden. Die ökonomische Dominanz der USA und der Ausgang des Weltkrieges führten dazu, dass die Amerikaner in der Nachkriegsordnung politisch eine Führungsrolle einnehmen mussten. Ideologisch waren die USA gegenüber den alten Kolonialmächten im Vorteil: Zwar war auch ihre Politik alles andere als antirassistisch – was traditionell der Umgang mit der afroamerikanischen, aber kriegsbedingt auch der mit der asiatisch-stämmigen Bevölkerung zeigte, die sogar zu großen Teilen in Lagern interniert wurde –, aber sie hatte eben keine »koloniale Vergangenheit« wie die Mächte des europäischen Kontinents und konnte sich auf die eigene demokratische Kontinuität berufen.

Der erzwungene Abschied von alten politischen Ideologien läutete den Beginn des amerikanischen Zeitalters ein. Europas Eliten hatten ihre alten Überzeugungen verloren. Konzepte wie »Rasse« und »Nation« hatten keine politische Wertigkeit mehr. Es bedurfte neuer Werte und Prinzipien, um eine neue Ordnung zu schaffen.

Die Nürnberger Prozesse: Ein rechtliches Fundament für eine neue Ordnung?

Ein Meilenstein in der Entwicklung des Wertegerüstes der Nachkriegsordnung war die Einrichtung des Internationalen Kriegsverbrechertribunals in Nürnberg. Das »Recht des Stärkeren« in den internationalen Beziehungen sollte durch ein starkes und bindendes Völkerrecht ersetzt werden.

In Nürnberg saßen von November 1945 bis April 1949 Rechtsvertreter aller Siegermächte des Zweiten Weltkrieges gemeinsam über Deutschland zu Gericht, mit der juristischen Aufgabe, die Verbrechen der Nationalsozialisten aufzuarbeiten und zu verurteilen. Doch offenbarten sich hier schnell Zwistigkeiten zwischen den westlichen und den sowjetischen Repräsentanten. Die UdSSR nutzte das Tribunal als Bühne, um ihre neue Rolle als Weltmacht unter Beweis und sich den Interessen westlicher Staaten in den Weg zu stellen. Diese beharrten darauf, die Verantwortung für die Barbarei des Zweiten Weltkrieges möglichst auf Deutschland zu begrenzen. Dass die Verurteilung deutscher Gräueltaten, ohne dabei die ideologische Verwurzelung der Nazi-Ideologie im westlichen Denken insgesamt zu thematisieren, ein Drahtseilakt werden würde, machte schon der US-amerikanische Chefankläger in seiner Eröffnungsrede vor dem Tribunal am 20. November 1945 deutlich: »Das zu schaffende internationale Recht wird hier zunächst auf die deutschen Angreifer angewandt, es schließt aber ein und muß, wenn es von Nutzen sein soll, den Angreifer jeder anderen Nation verdammen, nicht ausgenommen die, die jetzt hier zu Gericht sitzen.« (in: Ingo Müller [Hg.]: *Der Nürnberger Prozeß: Anklagereden des Hauptanklägers der USA Robert H. Jackson*, S. 18)

Angesichts dieser Aussage wird klar, warum gerade die europäischen Eliten dem Tribunal anfangs mit gemischten Gefühlen gegenüberstanden. Man spürte, dass ein solches Tribunal Gefahr laufen könne, die eigene ideologische und politische Nähe zum NS-Staat aufzudecken. Zudem zeichnete sich ab, dass die Verdammung von »Kriegsverbrechen« die gesamte Kolonialpolitik des Westens in Frage und somit letztlich auch die Kolonialmächte an den Pranger stellen könnte.

Trotz dieser Schwierigkeiten gelang es, auf Basis der Nürnberger Prozesse internationale Gesetze und Richtlinien zu entwickeln, die den Weg in eine neue, stabilere Weltordnung weisen sollten. Diese Hoffnungen nährte auch die Charta der neu geschaffenen Vereinten Nationen, in der sowohl das Führen eines Angriffskrieges verboten als auch die nationale Souveränität aller Mitgliedsstaaten festgeschrieben wurde. Auf dieser Basis entwickelten sich rechtlich kodifizierte Standards, die den Charakter der Nachkriegsordnung entscheidend prägen sollten: Anstelle des Rechts des Stärkeren sollte nun das internationale Völkerrecht als zivilisierte Grundlage einer globalen Friedensordnung dienen.

Dennoch: Das ideologische Fundament dieser Ordnung blieb überaus brüchig. Denn schon 1945 deutete sich an, dass von einer friedlichen Entwicklung der internationalen Beziehungen nicht auszugehen war. Die Kolonialmächte waren entgegen dem Geist der UN-Charta nicht bereit, ihre globale Vorherrschaft freiwillig aufzugeben. Viele Menschen hatten daher schon kurz nach Kriegsende die Hoffnung auf eine friedlichere Zukunft verloren. Sie kritisierten die Nürnberger Prozesse als »Schauprozesse«, in denen barbarische Sieger über barbarische Verlierer urteilten, um sich selbst reinzuwaschen. Auch die amerikanischen Atombombenabwürfe über Japan im August 1945 wurden von vielen als »Verbrechen gegen die Menschlichkeit« eingestuft.

Der Versuch, der internationalen Ordnung ein rechtliches Fundament zu geben, stellte einen großen Fortschritt dar. Es zeigte sich, dass ohne eine grundlegende Übereinstimmung über den Charakter der zukünftigen Ordnung keine von allen Staaten gleichermaßen respektierte rechtliche Basis geschaffen werden konnte.

Der Systemkonflikt als Richtschnur: Die »Freie Welt« im Kalten Krieg

Der heraufziehende Systemkonflikt zerstörte die Illusion einer auf dem Völkerrecht basierenden, friedlichen und einvernehmlichen Weltordnung. Die Teilung der Welt in »Ost« und »West« wurde zum neuen internationalen Ordnungsprinzip und prägte auch die innenpolitischen Landschaften.

Von einer gesellschaftlichen Einigkeit über die Neugestaltung der Weltordnung konnte nach 1945 keine Rede sein. Zu tief saßen Misstrauen und Zweifel, zu stark war das Ansehen des politischen Führungspersonals geschädigt, und zu sehr sorgten sich die Menschen um das eigene Überleben. Auch fehlte es an überzeugenden politischen Konzepten, nicht zuletzt, weil der Bezug auf die eigenen politischen Traditionen zur Begründung einer neuen, die Gesellschaft einigenden Mission versperrt war.

Eine weitere Entwicklung musste die europäische wie auch die amerikanische Elite beunruhigen: Im Zuge des Zweiten Weltkrieges war mit der UdSSR ein sozialistischer Staat in den Rang einer Weltmacht aufgestiegen, der sich explizit der kapitalistischen Ordnung widersetzte und zudem seinen Einfluss in Europa ausdehnte. Hier wurde die neue Bipolarität der Machtverhältnisse besonders deutlich: Den alliierten Westmächten stand im Osten Europas die Rote Armee gegenüber.

Der aufkommende Konflikt zwischen Ost und West war nicht nur der zweier militärischer Blöcke: Hier standen sich zwei Ideologien mit gegensätzlichen Gesellschafts- und Wirtschaftsmodellen gegenüber, die beide für sich reklamierten, global ausgerichtet, fortschrittlich, demokratisch und gerecht zu sein. Der politische Wettstreit zwischen »links« und »rechts«, der bis dahin vor allem die Auseinandersetzungen innerhalb der Industriegesellschaften geprägt und sich entlang der Grenzlinien sozialer Klassen immer wieder auch gewaltsam entladen hatte, wurde mit dem Auftritt der UdSSR als Weltmacht nun auch endgültig zu dem die internationalen Beziehungen prägenden Konflikt.

Der politische Einfluss der UdSSR auf die westlichen Gesellschaften ist dabei nicht zu unterschätzen. Einerseits standen die kommunistischen Parteien Europas unter mehr oder weniger direkter politischer Kontrolle Moskaus. Andererseits machte schon die bloße Existenz einer nichtkapitalistischen Gesellschaft »Eindruck« auf große Teile einer Bevölkerung, die nach zwei Weltkriegen durchaus offen war für neue Visionen. Angesichts der katastrophalen Konsequenzen der Weltwirtschaftskrise und des Zweiten Weltkrieges schien die Sowjetunion in vielerlei Hinsicht tatsächlich eine Alternative zu bieten. Viele Menschen sahen die Rote Armee und den Sozialismus als Bedrohung, viele jedoch auch als Befreier. Da dem Westen eine überzeugende und Sicherheit bietende gesellschaftliche Vision fehlte und die UdSSR ihren Machtanspruch in Europa unterstrich, blieb der Konflikt zwischen den Systemen von zentraler politischer Bedeutung; das folgerichtige Ergebnis war die Teilung Europas und damit auch Deutschlands.

Die Zuspitzung dieser Auseinandersetzung – die ab 1947 als »Kalter Krieg« bezeichnet wurde – wirkte innerhalb beider Lager stabilisierend. Im Osten verschärfte sich die Rhetorik gegen den »reaktionären«, »imperialistischen« und »kriegstreiberischen Kapitalismus«. Im Westen setzte sich eine zunehmend antikommunistische Propagandamaschine gegen den »totalitären Bolschewismus« in Gang. Zwar hatte es diesen ideologischen Konflikt auch schon vor dem Zweiten Weltkrieg gegeben, jedoch war er in jener Zeit nur eine von mehreren ideologischen Stützen, auf denen die frühere Gesellschaftsordnung beruht hatte. Nach dem Wegfall der Kolonial- und Überlegenheitsideologien entwickelte sich der Antikommunismus im Westen zur vorherrschenden Ideologie, die das nach dem Zweiten Weltkrieg bestehende politische Vakuum auszufüllen vermochte. Zum einen konnte mit dem Verweis auf die »rote Gefahr« aus dem Osten die Gesellschaft gegen einen gemeinsamen Feind ausgerichtet werden. Zum anderen diente der Verweis auf die soziale Lage und die politische Repression im Osten der Diskreditierung der sich an der Sowjetunion orientierenden innenpolitischen Opposition.

Auf internationaler Ebene wuchs das Misstrauen, die Fronten verhärteten sich, und in der Folge häuften sich Missverständnisse und Konflikte. Die USA schätzten die Politik der UdSSR als aggressiv-expansionistisch ein und setzten ihr das »Konzept der Eindämmung« entgegen. Die Anschubhilfe für die Wirtschaft Westeuropas im Rahmen des Marshall-Plans hatte damit auch eine politische Funktion: Sie zementierte die Bindung Westeuropas und Westdeutschlands an die USA. Entsprechend musste sich die amerikanische Haltung gegenüber den »Freunden« und »Feinden« des Zweiten Weltkrieges entlang den neuen ideologischen Fronten des Kalten Krieges verändern. In *Power And Mission* beschreibt Detlev Junker diese ideologische Kehrtwende wie folgt: »Aus den bösen Deutschen, guten Russen, bösen Japanern und guten Chinesen wurden die guten Westdeutschen, die bösen Russen, die guten Japaner und die bösen Chinesen des Kalten Krieges.« (S. 87)

Mit der Machtübernahme der Kommunisten in China 1949 und der Zündung der ersten sowjetischen Atombombe verstärkte sich das westliche Bedrohungsempfinden sprunghaft. Der Koreakrieg (1950 bis 1953), in dem der Westen unter Führung der USA versuchte, den sozialistischen Einfluss auf der koreanischen Halbinsel zurückzudrängen, wurde als Vorbote weiterer, auch direkter Konfrontationen gesehen. Die Angst vor einem »dritten, atomaren Weltkrieg« breitete sich aus. Die Losung »Freiheit statt Sozialismus« wurde zur Kernaussage westlicher Politik. Der Systemvergleich entwickelte sich zu einer »Ersatzideologie«, die die Zweifel bezüglich der eigenen gesellschaftlichen Vision in den Hintergrund rückte. Die insbesondere in Deutschland recht häufig zu hörende, halb scherzhaft, halb ernst gemeinte Aufforderung, »doch rüberzugehen«, wenn es einem im Westen nicht gefalle, bringt diese Art des Wirtschaftspatriotismus (»D-Mark-Patriotismus«) zum Ausdruck. Sie offenbarte aber auch, dass das eigene Selbstvertrauen in erster Linie durch die als schlechter bewerteten Verhältnisse auf der anderen Seite der Mauer gestärkt wurde und somit auf tönernen Füßen stand. Ein tief gehender und mehrheitlich geteilter Verfassungspatriotismus, der sich auf die Errungenschaften der modernen, kapitalistischen Gesellschaft berief, wie es der deutsche Philosoph Jürgen Habermas und viele Politiker im Westen immer wieder einforderten, stellte sich kaum ein. Das Verhältnis zur eigenen Nation wie auch zur Geschichte blieb ein Politikum und wühlte eher alte Differenzen auf, als Identität zu stiften.

Dieser Mangel an verwertbarer Tradition wurde durch prononciert antikommunistische Politikstile kompensiert. Nahezu die gesamte politische und soziale Agenda wurde in den Hochphasen des Kalten Krieges durch das Prisma des Ideologiekonflikts gesehen, selbst politikferne Bereiche wie Kultur oder Sport gerieten zu politischen Machtdemonstrationen. Auch die Technologieentwicklung wie z. B. in der Atomtechnologie oder in der Raumfahrt war nicht nur von militärischer Bedeutung, sondern nahm auch den Charakter eines Systemwettstreits an.

Ideologisch betrachtet, verhalf der Kalte Krieg den westeuropäischen Staaten innenpolitisch zu einer neuen Leitlinie sowie außenpolitisch unter US-amerikanischer Führung zu einer neuen politischen Geschlossenheit: Der Westen definierte sich als die »Freie Welt«, die es galt, im Wettstreit gegen den Kommunismus zu verteidigen. Die Gründung der Nato als explizit gegen die UdSSR und den Ostblock gerichtetes Verteidigungsbündnis unter Führung der USA war der organisatorische Ausdruck dieser Einigkeit. Für den ersten Nato-Generalsekretär, den Briten Lord Ismay (1952 bis 1957), hatte das westliche Bündnis die vorrangige politische Aufgabe, »die Amerikaner drinnen, die Russen draußen und die Deutschen unten« zu halten.

Die europäischen Staaten profitierten von ihrer engen Bindung an die Vereinigten Staaten: So entstand ein System, das einen bisher ungekannten Grad an wirtschaftlicher und politischer Kooperation ermöglichte und damit die stabile Grundvoraussetzung für den Wirtschaftsboom der 50er-Jahre legte. Neben dem Antikommunismus war es jenes Wirtschaftswachstum, das zu einem weiteren zentralen Pfeiler der politischen Stabilität im Westen wurde. Erst die relative Prosperität gegenüber dem Konkurrenzsystem unterfütterte die politisch begründete Überlegenheit der »Freien Welt« mit einer ökonomischen Basis. Das Wirtschaftswachstum überlagerte die grundlegenden Selbstzweifel bezüglich der gesellschaftlichen Entwicklung im Westen, die über Jahre die politischen Debatten geprägt hatten. Henry L. Stimson beschrieb diese Verunsicherung 1946 sehr anschaulich:

»Das ›Problem Russland‹ reduziert sich auf die Frage nach unserer eigenen Überlebensfähigkeit. Ich will damit nicht die kommunistische Herausforderung kleinreden. Ich denke nur, dass wir auf diese essenzielle Frage auch dann eine Antwort haben sollten, wenn es nicht einen einzigen lebenden Kommunisten gäbe. Können wir Frieden und Wohlstand in unserer Welt erreichen? Wenn wir es können, stellt der Kommunismus keine Gefahr dar. Können wir es nicht, wäre unsere Zivilisation dem Untergang geweiht, unabhängig davon, ob der Kommunismus existiert oder nicht.« (Henry L. Stimson: »The Challenge to Americans«, in: *Foreign Affairs*, Nr. 1, Oktober 1946, übersetzt von M.H.)

Der Kalte Krieg war zwar durch kriegerische und unversöhnliche Rhetorik geprägt, aber er eskalierte nicht zu einem atomaren »Dritten Weltkrieg«. Seine Spannungen entluden sich in grausamen regionalen »Stellvertreterkriegen«. Innerhalb der beiden Lager schuf der Systemgegensatz eine weitgehende Stabilität und füllte im Westen das ideologische Vakuum, das der Zweite Weltkrieg hinterlassen hatte.

Tauwetter im Kalten Krieg: Risse im Eis, Knarren im Gebälk

Die Nachkriegsordnung war – trotz ihrer relativen Stabilität – auf der Ebene der politischen Ideologien nicht tiefgefroren und unbeschränkt haltbar. Denn sobald die Wirtschaftskraft erlahmte, neben der Ablehnung des gegnerischen Systems der zweite Stützpfeiler des politischen Selbstverständnisses, geriet die politische Hierarchie sowohl im westlichen Lager als auch im Ostblock ins Wanken.

Während die Vereinigten Staaten ihren politischen Führungsanspruch im Westen über lange Zeit auf Basis ihrer ökonomischen Überlegenheit durchsetzen konnten, sah sich die UdSSR gezwungen, stärker auf direkte politische Einflussnahme zu setzen, um ihre Einflussgebiete stabil zu halten. Dies wiederum bestärkte den Westen in dem Gefühl der moralischen Überlegenheit der »freien Welt« gegenüber dem totalitären und unfreien Ostblock.

Auf der anderen Seite wurde entgegen aller kriegerischen Rhetorik deutlich, dass der Systemkonflikt nicht »zu lösen« war und dies auch niemand ernsthaft anstrebte. Verbalradikalität und Propaganda einerseits, direkte politische und wachsende ökonomische Kooperation andererseits – dieses Nebeneinander scheinbar gegensätzlicher Politikkonzepte offenbarte, dass sich sowohl die westlichen als auch die sozialistischen Eliten mit der Weltenteilung des Kalten Krieges arrangierten. Zwar entwickelte sich das Verhältnis zwischen den beiden Blöcken nicht geradlinig, aber selbst in Krisenzeiten wie zum Beispiel zu Zeiten des Mauerbaus in Berlin 1961 oder während der Kubakrise 1962 überwog der Wille zu Kooperation und verhinderte eine atomare Eskalation. Als US-Vize-Außenminister Lawrence Eagleburger 1989 in einem Vortrag rückblickend den Kalten Krieg als Ära der Stabilität bezeichnete, brachte er zum Ausdruck, wie gut sich die westlichen und allen voran die amerikanische Elite in der internationalen

Ordnung der Ost-West-Konfrontation eingerichtet hatten: »Trotz all seiner Risiken und Unsicherheiten war der Kalte Krieg charakterisiert durch ... bemerkenswert stabile und vorhersagbare ... Beziehungen zwischen den Großmächten ...« (Rede am 13. September 1989, Georgetown University, zit. nach: Stephan Bierling: *Geschichte der amerikanischen Außenpolitik*, S. 201).

Im Verlauf der 60er-Jahre verbesserten sich die Beziehungen zwischen Ost und West, und es begann eine Phase, die als »Entspannungspolitik« oder »Detente« bezeichnet wird. Keineswegs aber war dieses Tauwetter durch eine Aufweichung des Grundkonfliktes zu erklären: Die ideologische Gegnerschaft beider Seiten existierte fort. Die Annäherung zwischen Ost und West war indessen eine Folge von Veränderungen auf politischer und wirtschaftlicher Ebene. Hatte noch in den 50er-Jahren der Antikommunismus auf Basis eines satten Wirtschaftswachstums die amerikanische und die europäische Gesellschaft zusammengeschweißt, so zeigte diese Einheit nun Brüche. Die aufkommende Rezession und die wachsende Unzufriedenheit, die schließlich noch bestärkt wurde durch die anschwellende Kritik an den außenpolitischen Aktivitäten der Vereinigten Staaten – insbesondere im Vietnamkrieg –, veränderte die amerikanische politische Kultur grundlegend. Große Teile der Bevölkerung reagierten gegen das als autoritär und rückschrittlich empfundene soziale Klima der 50er-Jahre und forderten ein Umdenken. Insbesondere an den Hochschulen regte sich Widerstand gegen die »militaristische Politik« der USA. Die Jugend- und Protestkultur, die die eigenen, als amerikanisch und westlich empfundenen Werte radikal ablehnte und neue individuelle und politische Identitäten entwickelte, wirkte für die Protagonisten des Kalten Krieges wie ein Schlag ins Gesicht. Die Forderung »No more Vietnams!« wurde zum Motto einer ganzen Generation sowie gleichzeitig zum Warnsignal an eine zutiefst verunsicherte politische Elite.

Auch in Europa war man nicht mehr bereit, den USA im absoluten Gehorsam zu folgen. Schon mit Beginn der Wirtschaftskrise in der zweiten Hälfte der 60er-Jahre waren in Handelskonflikten Spannungen zwischen beiden Seiten des Atlantiks zutage getreten. Die US-amerikanische Wirtschaft hatte gegenüber den Europäern an Gewicht eingebüßt, was auch dazu führte, dass der politische Führungsanspruch Washingtons nicht mehr unangetastet blieb.

Entsprechend veränderte sich die politische Kultur in Europa: Auch hier mehrten sich Stimmen, die sich gegen die als traditionell und »bürgerlich« empfundenen Politik- und Gesellschaftsformen wandten, mehr individuelle Freiräume sowie eine grundlegende Abkehr von den Wertmaßstäben der Nachkriegsjahre (Antikommunismus, Prosperität, Wachstum) forderten. Zudem hatten die westeuropäischen Staaten damit begonnen, ihre wirtschaftlichen und politischen Beziehungen zu Osteuropa zu intensivieren. Dieser Kulturwandel galt insbesondere aufgrund seiner antiamerikanischen Nuancen den konservativen Teilen der politischen Eliten dies- und jenseits des Atlantiks als Bedrohung im ideologischen Konflikt gegen die Sowjetunion. Allein die Tatsache, dass die eigene Jugend und insbesondere die studierende »Nachwuchselite« zu Zehntausenden gegen den »imperialistischen Krieg Amerikas« in Vietnam protestierte und, den Namen des vietnamesischen kommunistischen Rebellenführers »Ho Chi Minh« skandierend, durch die Straßen Europas zog, zeugte von dem enormen kulturellen und politischen Bruch, den das Tauwetter im Westen verursacht hatte. Während Konservative sich selbst in der Defensive sowie den Bestand der westlichen Kultur in Frage gestellt sahen, schlug die Stunde liberaler und sozialdemokratisch ausgerichteter politischer Kräfte, die in einer Annäherung an den Osten die Chance einer friedlichen Zukunftsgestaltung sahen.

Diese Entwicklungen trugen dazu bei, dass die im Kalten Krieg eingefrorene gesellschaftliche Ordnung an der Oberfläche »auftaute«. Es wurde deutlich, wie dünn das »moralische Eis« war, auf dem die Nachkriegsordnung stand. Für die Vereinigten Staaten von Amerika kam dieser »Klimawechsel« einer ideologischen Niederlage gleich. Noch heute wird sie als »Vietnam-Syndrom« bezeichnet. In den 70er-Jahren entwickelte sich in akademischen Kreisen in den USA eine Debatte über den Niedergang der Supermacht. Daniel Bell brachte die vorherrschende Desillusionierung zum Ausdruck, als er feststellte, das »amerikanische Jahrhundert [sei] bereits nach rund 30 Jahren zu Ende gegangen« (zit. nach: Nathan Glazer, Irving Kristol [Hg.]: »The End of American Exceptionalism«, in: *The American Commonwealth*, 1976).

In der Entspannungspolitik büßten die USA ihre unantastbare Führungsrolle im Westen ein. Die Folgen der »Detente« symbolisieren den Machtverlust der westlichen Supermacht, aber auch die Erosion der Gesellschafts- und Werteordnung des Kalten Krieges.

Schlussspurt im Kalten Krieg

Während die Entspannungs- und Annäherungspolitik in den 70er-Jahren zu einem zentralen Bestandteil des sozialdemokratischen und liberalen westlichen Selbstverständnisses wurde, strebten konservative Kreise sowohl in den USA als auch in Europa eine konservative Wende in der Innen- und Sicherheitspolitik an.

Das Ende der Entspannungspolitik und der Beginn des so genannten »zweiten Kalten Krieges« Ende der 70er-, Anfang der 80er-Jahre wird eng mit dem Namen Ronald Reagan verbunden. Das Ziel des Führers der amerikanischen Republikaner war es, Amerikas Führungsrolle im Westen wieder zu stärken, das »Vietnam-Syndrom« zu überwinden und der amerikanischen Gesellschaft insgesamt durch die Betonung ihrer zivilisatorischen Mission neue Kraft und Einigkeit zu verleihen: »Es ist an der Zeit, daß wir mit dem Aufbau bzw. mit der Wiederherstellung der militärischen Macht Amerikas beginnen. Es ist an der Zeit, daß wir diese Macht so ausbauen, daß keine Nation dieser Welt es wagen wird, die Hand gegen uns zu erheben. Auf diese Weise werden wir den Weltfrieden erhalten – wir sind die einzigen, die dazu in der Lage sind.« (Ronald Reagan, zit. nach: Paul Jung [Hg.]: *Amerika. Seine Helden, Kriege, Ideale.* Frankfurt/Main 1986)

Weltpolitische Anlässe zur Untermauerung dieses Kurswechsels boten sich zur Genüge: Sowohl der Sturz des proamerikanischen Regimes im Iran als auch der Einmarsch sowjetischer Truppen in Afghanistan 1979 bestärkten innerhalb der US-Eliten das Gefühl, der sowjetischen Bedrohung nicht mehr gewachsen zu sein. Was folgte, war eine enorme Steigerung der antisowjetischen Rhetorik sowie des amerikanischen Militärhaushalts. Auch in Westeuropa kamen konservative Politiker an die Macht (z. B. Helmut Kohl in der Bundesrepublik Deutschland und Margaret Thatcher in

Großbritannien), die sich von der sozialdemokratischen Rhetorik abzusetzen und eine konservative Wende auszulösen versuchten. Die Lage auf dem Kontinent spitzte sich zu: Auf beiden Seiten des Eisernen Vorhangs wurden moderne Langstreckenwaffen-Systeme installiert. Reagans viel beachtete Rede, in der er 1983 die UdSSR als das »Reich des Bösen« bezeichnete, ist Ausdruck dieses Klimawechsels, der in Europa eine lange Phase der Regierung konservativer Parteien einleitete. Reagans Vision war eindeutig: Die Entspannungspolitik hatte aus konservativer Sicht die Mission des Westens diskreditiert; die Verschärfung der Rhetorik sollte in Erinnerung bringen, dass der Systemkonflikt nicht einfach nur ein Wettstreit, sondern der entscheidende Kampf »Gut gegen Böse« und damit nicht mit Kompromissen zu gewinnen sei. Die Reagan-Doktrin lautete: »Wir müssen allen unseren demokratischen Verbündeten beistehen. Und wir dürfen nicht unseren Glauben verlieren in jene, die ihr Leben riskieren – auf jedem Kontinent, von Afghanistan bis Nicaragua –, um der sowjetisch unterstützten Aggression zu trotzen und Rechte zu sichern, welche die unseren von Geburt an sind.« (zit. nach: ebd.)

Innenpolitisch trat die angestrebte konservative Wende jedoch nicht ein. In den USA wurde die »Reagan-Doktrin« zu einem politischen Bumerang: Die Unterstützung islamistischer sowie terroristischer Gruppen und autoritärer Regime im Kampf gegen den Kommunismus spaltete die amerikanische Öffentlichkeit und nährte Zweifel an der »moralischen Integrität« der Reagan-Administration. Auch international regte sich Unmut. Die USA versuchten zwar, politisch und ideologisch ihre alte Führungsrolle wieder einzunehmen, jedoch fehlte Washington die ökonomische Dominanz, um dieses Ziel zu erreichen. In den 80er-Jahren waren die USA der Hauptschuldner der Welt, gleichzeitig stieg das amerikanische Haushaltsdefizit stark an: Mit etwa sechs Prozent des Bruttoinlandsproduktes erreichte es eine bis heute gültige Rekordmarke.

Zwar wird Ronald Reagan bis heute von seinen Anhängern dafür gepriesen, mit dem erneuten Anfeuern des Rüstungswettlaufs den Zusammenbruch des Ostblocks herbeigeführt zu haben. Liberale und sozialdemokratische Kreise betonten hingegen die Anziehungskraft der freien, westlichen Gesellschaft, die letztlich die Völker Osteuropas zur Revolution stimuliert habe. Tatsächlich stand die konservative US-Regierung ideologisch durch die umstrittene Reagan-Doktrin unter Druck. So kam ihr letztlich die kooperativere und offenere sowjetische Politik unter Michail Gorbatschow entgegen, um sich als führende Weltmacht des Westens zu profilieren.

Das Ende des Kalten Krieges und vor allem die Geschwindigkeit, mit der die Nachkriegsordnung und mit ihr die Teilung Europas zu Ende ging, kam überraschend. Und obwohl Vertreter nahezu aller politischer Richtungen in der Wendezeit und auch danach immer wieder betonten, mit dem Ende der Ost-West-Konfrontation erfülle sich ihre zentrale politische Zielsetzung, so sprechen doch viele Anzeichen dafür, dass ihr politisches Handeln oftmals in eine andere Richtung lief.

Wie sehr dennoch der Kalte Krieg zur Festigung des amerikanischen Selbstverständnisses beitrug, brachte schon 1947 der einflussreiche politische Analytiker und Berater George Kennan auf den Punkt: »Letztlich stellen die sowjetisch-amerikanischen Beziehungen einen Test für die generelle Wertigkeit der Vereinigten Staaten als einer Nation unter vielen dar. Um ihre Zerstörung zu verhindern, müssen die Vereinigten Staaten nur an ihre besten Traditionen anknüpfen und ihren Ansprüchen als eine große Nation genügen. Mit Sicherheit gab es niemals einen faireren Test nationaler Qualität als diesen. Insofern wird der aufmerksame Beobachter der russisch-amerikanischen Beziehungen keinen Grund finden, über die Herausforderung des Kremls für die amerikanische Gesellschaft zu klagen.« (George Kennan, unter dem Pseudonym »Mr. X«: »The sources of Soviet Conduct«, in: *Foreign Affairs*, No. 4, Juli 1947, übersetzt von M. H.)

Als sich im Jahre 1990 die Auflösung des Ostblocks abzeichnete, war einigen Kommentatoren schnell bewusst, dass die Verhältnisse, die auf die bipolare Weltordnung folgen würden, weitaus weniger stabil und übersichtlich sein würden. So stellte der Co-Herausgeber des Magazins *The National Interest*, Robert Tucker, die These auf, das Ende der Sowjetunion habe eher Amerikas Schwächen als Amerikas Stärken offen gelegt. In seinem Artikel »1989 and all that« schrieb er: »Die ironische Folge der letzten 50 Jahre ist, dass sich in dem Moment des Sieges unsere Macht und unser Einfluss verringert. Wenn das Ende des Kalten Krieges das tatsächliche Verschwinden der Sowjetunion als Großmacht markiert ..., so bedeutet dies auch einen sichtbaren Niedergang der Rolle Amerikas.« (Robert Tucker, zitiert nach: Michael Duffy, Dan Goodgame: *Marching in Place: The Status quo Presidency of George Bush*, 1992, S. 107, übersetzt von M. H.)

Doch das Ende des Kalten Krieges wurde nicht nur hinsichtlich der Rolle der USA als einschneidendes Ereignis bewertet. Viel grundlegender noch wurde die Frage gestellt, wie sich das kapitalistische System ohne die Herausforderung des Kommunismus entwickeln werde. Sogar die *Frankfurter Allgemeine Zeitung* stellte sehr deutlich die »Systemfrage« und brachte ein großes Maß an Verunsicherung zum Ausdruck: »Für den Kapitalismus, Sieger in dem Jahrhundertkonflikt über den Kommunismus, erhebt sich nun die Frage: Kann er sich ohne Feind und ohne Herausforderung definieren, korrigieren, erneuern. An wem kann er sich messen?« (*Frankfurter Allgemeine Zeitung*, 29. Dezember 1991)

Die Verschärfung der antisowjetischen Rhetorik Anfang der 80er-Jahre war eher Ausdruck der amerikanischen Schwäche und des Gefühls einer wachsenden Bedrohung als ein Symbol neu gewachsenen Selbstbewusstseins oder gar ökonomischer Stärke. Umso überraschender kam das Ende des Ost-West-Konflikts. Hatte man zuvor auf die Verstärkung der antikommunistischen Rhetorik gesetzt, so stellten nun die rasanten Veränderungen sämtliche politischen Grundüberzeugungen in Frage.

Die Neue Weltordnung: Ohne Kommunismus kein Antikommunismus

Das Ende der Nachkriegsordnung stellte für die Ausrichtung westlicher Politik einen grundlegenden Bruch mit der Vergangenheit dar. Mit dem Fall der Berliner Mauer wurde deutlich, dass die amerikanische Vorherrschaft im einstigen westlichen Lager, wollte sie fortbestehen, künftig auf anderen Prämissen beruhen müsste.

Der Fall der Berliner Mauer, die Freude über die Überwindung der europäischen Teilung und der Sieg im Systemkonflikt über den Kommunismus sorgte im Westen für eine vorübergehende Aufbruchstimmung, in der große Visionen Wirklichkeit zu werden schienen. Der Sieg des freien Westens wurde gefeiert als das Ende der alten Kriege und Konflikte. Der amerikanische Historiker Francis Fukuyama proklamierte gar das »Ende der Geschichte« und verband damit die Anschauung, dass nun die Ära sozialer Experimente endgültig beendet sei.

Doch es machte sich auch Unsicherheit breit. Die Klarheit der politischen Verhältnisse sowie der Machtstrukturen innerhalb der beiden konkurrierenden Systeme hatte bislang dazu geführt, dass auftretende Spannungen innerhalb der Blöcke zumeist relativiert und aufgefangen werden konnten. Dies gelang zum einen durch politische und ökonomische Einflussnahme der beiden Supermächte, zum anderen aber auch durch die enorme integrative Kraft der Weltanschauungen, die nationalistische Tendenzen oder durch innenpolitische Veränderungen hervorgerufene Irritationen überlagerte.

Mit dem Ende der Ost-West-Konfrontation gingen diese stabilisierenden Perspektiven verloren. In Osteuropa hatte dies zur Folge, dass verschiedene Teile der alten sozialistischen Staatseliten sich aus den alten Strukturen zu lösen versuchten. Dies führte insbesondere auf dem Balkan zu sezessionistischen Tendenzen und in der Folge zum Aufflammen nationalistischer Konflikte und zum Auseinanderbrechen staatlicher Strukturen.

Im Westen schlug die Euphorie über das Ende des Kalten Krieges angesichts der wachsenden Instabilität schnell in Nostalgie um. Selbst Protagonisten des Kalten Krieges wurden von diesem Gefühl erfasst und begannen, den Gewissheiten des Kalten Krieges nachzutrauern. Sogar der ehemalige US-Präsident Ronald Reagan ließ während einer Rede vor Studenten an der englischen Oxford University verlauten, das Ende der kommunistischen Tyrannei habe »vieles, was den Westen früher vereinte und nach vorne gebracht hat«, zerstört.

Reagan brachte hier nicht nur das grundsätzliche Streben nach Stabilität zum Ausdruck, sondern auch die Sorge um die Stabilität der amerikanischen Vorherrschaft.

Der erste Golfkrieg im Frühjahr 1991 zeigte, dass es den USA schwer fiel, die alten Verbündeten im Kampf gegen Saddam Hussein und zur Vertreibung seiner Truppen aus Kuwait hinter sich zu vereinen. Es bedurfte enormer diplomatischer Anstrengungen, um diese Einheit herzustellen. Die USA besaßen nicht mehr die ökonomische Kraft, um die Europäer »mitzureißen«, im Gegenteil: Der damalige US-Außenminister James Baker musste nicht nur um politische, sondern vor allem um finanzielle Unterstützung buhlen. Die Feststellung seines berühmten Amtsvorgängers Henry Kissinger, der Golfkrieg 1991 sei »eher der beeindruckende Sonnenuntergang des Kalten Krieges als die Morgendämmerung einer neuen Ära amerikanischer Vorherrschaft« gewesen, beschrieb die neue Situation äußerst prägnant (»What Kind of New Order?«, in: *Washington Post*, 3. Dezember 2001). Für Kissinger fand sich Amerika in einer Welt wieder, die sie weder dominieren, aus der sie sich aber auch nicht zurückziehen konnte. Die Einschätzung, Amerika habe zwar den Kalten Krieg gewonnen, dies aber auf Kosten der eigenen Machtposition, prägte zunehmend die akademischen wie auch strategischen Debatten über die Zukunft der neuen Weltordnung und verstärkte die »Identitätskrise der Vereinigten Staaten«. Auch James Schlesinger, ehemaliger Verteidigungsminister und

Chef der CIA, betonte Amerikas Unfähigkeit, sich allen Herausforderungen der neuen Welt erfolgreich zu stellen. Er stellte fest, dass es im Golfkrieg »eher um Stärkung der eigenen Legitimität als um die Wiederherstellung der Demokratie« gegangen sei (in: *Foreign Affairs*, Vol. 72, 1/93).

Der Umgang mit der neuen weltpolitischen Situation, insbesondere mit den separatistischen Tendenzen in Osteuropa, entwickelte sich zu einer politischen Krise: Die Frage, ob die nach Unabhängigkeit strebenden ehemaligen jugoslawischen Teilrepubliken Slowenien und Kroatien international anerkannt und damit der Zerfall des Vielvölkerstaats Jugoslawien in Kauf genommen werden sollte, entzweite die westliche Welt. Während die alten Siegermächte USA, Frankreich und Großbritannien darum bemüht waren, den Status quo in Europa aufrechtzuerhalten, und entsprechend wenig Interesse an der Aufspaltung Jugoslawiens hatten, setzte sich das wiedervereinigte Deutschland verstärkt für die Anerkennung der Teilrepubliken ein.

Auch wenn diese Gegensätzlich- und Unstimmigkeiten letztlich die westliche Kooperation nicht grundsätzlich gefährdeten, so offenbarten sie doch, dass das westliche Gefüge der Neuen Weltordnung nicht mehr auf Basis alter Mechanismen und Ideologien funktionierte.

Der Untergang des Kommunismus brachte auch das Ende des antikommunistischen Konsenses mit sich. Die wachsende Uneinigkeit des Westens offenbarte das Fehlen einer gemeinsamen politischen Ausrichtung. Konnten westliche Eliten im Kalten Krieg ihre nationalen Interessen im Vokabular des Systemkonflikts ausdrücken, so fehlte nun hierfür sowohl der ideologische Rahmen als auch ein funktionierendes Feindbild, gegen das man sich abgrenzen konnte.

Der Westen – allein zu Haus

Das Wegbrechen der alten Ordnung beeinflusste auch die innenpolitischen Landschaften. Es beförderte nicht nur eine tiefe Krise sozialistisch orientierter Linksparteien, auch antikommunistische und dezidiert prokapitalistische Positionen verloren durch den Wegfall des ideologischen Gegenparts an Profil und Orientierung. Dieser Orientierungsverlust prägte in der Folge auch das außenpolitische Handeln des Westens.

Die politischen Parteien sahen sich nach dem Wegfall des Systemkonflikts mit der Situation konfrontiert, neue, eigenständige und funktionierende Legitimationen finden zu müssen, unabhängig von der Existenz von Gegenentwürfen. Die wachsende Unsicherheit gegenüber dem, wofür der »Westen« nun stehe, spiegelte sich auch in der Innenpolitik wider: Hatte das Gegeneinander linker und rechter Positionen jahrzehntelang die politische Kultur geprägt und belebt, fehlte nun diese inhaltliche Dynamik. Die Folge war eine um sich greifende Desillusionierung und Orientierungslosigkeit. »Politikverdrossenheit« wurde zu einem beherrschenden politischen Phänomen, das sich in dem vorübergehenden Erstarken von Protestparteien niederschlug. Auch Versuche, vor dem Hintergrund des gewonnenen Kalten Krieges die eigene nationale Geschichte zum Ausgangspunkt neuer gesellschaftlicher Einheit zu machen, waren nur selten von Erfolg gekrönt – die Vergangenheit blieb, zumindest in Deutschland, ein heikles politisches Terrain.

Das Ende von »links« und »rechts« führte zum Niedergang der durch den Systemkonflikt geprägten politischen Kultur sowie der Fähigkeit der Politik, die Menschen für ein gesellschaftliches und politisches »Projekt« des Westens zu begeistern und darin zu integrieren. Dies verschärfte wiederum das Gefühl der Verunsicherung auf Seiten der Eliten. Zur eigenen Visionslosigkeit gesellte sich das

Gefühl der Isolation – immer weniger gelang es der Politik, den Kontakt zu den Bürgern aufrechtzuerhalten. Die Tatsache, dass George W. Bush im November 2000 mit einem Stimmenanteil von lediglich etwa 20 Prozent der amerikanischen Gesamtbevölkerung zum US-Präsidenten gewählt wurde, führt vor Augen, wie stark diese Mobilisierungskraft zurückgegangen ist. Da der Mangel an mitreißenden Perspektiven auf Seiten der politischen Führer parallel zum Niedergang politischer Alternativen auftritt, entwickelt sich ein Hang zum Festhalten am Bestehenden, mithin ein eigentlich »parteiübergreifender und pragmatischer Konservatismus«. Dieses Phänomen prägt heute die politische Landschaft in nahezu allen Industrieländern.

Das Festhalten an alten Gewissheiten führte auch dazu, dass selbst Großprojekte wie etwa die Nato-Osterweiterung oder der europäische Einigungsprozess, die eigentlich soziale, ökonomische Dynamik erzeugen könnten, nicht nur ohne Enthusiasmus, sondern auch ohne Fortschrittsgeist vorangebracht wurden – sie »passierten« relativ unbemerkt. Gerade das politische Projekt »Europa« war von Anfang an eine mit großen Hoffnungen und Visionen, aber auch mit Ängsten und Widerständen verknüpfte Angelegenheit. Heute jedoch sind die Positionen »pro« oder »contra« zumeist bestenfalls einer emotionslosen Gleichgültigkeit, schlimmstenfalls einem desinteressierten Zynismus gewichen.

Das Fehlen politischer Visionen sowie die schwindende öffentliche Akzeptanz von Interessenpolitik führte dazu, dass für gesellschaftliches Handeln neue Legitimationen gefunden werden mussten. Auf internationaler Ebene begann diese Suche Anfang der 90er-Jahre. Die USA – noch unter dem konservativen Präsidenten George Bush sen. – beschrieben den Krieg gegen den Irak im Jahre 1991 und auch ihr militärisches Eingreifen 1992 in Somalia als »humanitäre Intervention«. Es zeigte sich, dass lediglich außenpolitisches Handeln im Namen von Menschenrechten und Humanität im Westen auf große Zustimmung stieß. Unter Bushs Nachfolger Bill Clinton gewann diese »neue Außenpolitik«

an Bedeutung. In seiner Amtsantrittsrede im Jahr 1993 umriss Clinton seine Mission, die in Abgrenzung zur »Politik der Eindämmung« des Kalten Krieges auf »Erweiterung« setzte: »Unsere Hoffnungen, unsere Herzen und unsere Hände sind mit den Menschen auf einem jeden Kontinent, die Demokratie und Freiheit errichten. Ihre Angelegenheiten sind Amerikas Angelegenheiten.«

Doch schon der Verlauf der »humanitären« Intervention in Somalia offenbarte die große Schwäche dieses Politikprinzips: Als die dortige Situation eskalierte und die US-Truppen in den Konflikt zwischen somalischen Clans hineingezogen wurden, schwand die öffentliche Unterstützung für das amerikanische »Peace-keeping«, und die amerikanischen Soldaten verließen das ostafrikanische Land, ohne die Situation tatsächlich befriedet zu haben. Dieses Scheitern hatte weniger mit der Lage in Somalia zu tun als vielmehr damit, dass abgesehen von dem Ziel, die Kämpfe zu stoppen, keine darüber hinaus gehende Perspektive existierte. Schon hier wurde klar, woran das von Clinton propagierte Konzept der »Erweiterung« krankte: Es blieb unklar, was genau »erweitert« werden sollte.

Ähnlich problematisch entwickelte sich das westliche Engagement auf dem Balkan: Die kriegerischen Auseinandersetzungen zwischen den kroatischen, serbischen und bosnischen Volksgruppen wurden beendet. In Bosnien, Mazedonien sowie im Kosovo wurden Protektorate unter UNO-Mandat errichtet, die die »Feuerpause« zementierten und verwalteten. Jedoch führte die bis heute andauernde Besetzung der Region durch westliche Truppen dazu, dass sich keine autoritativen und von der Bevölkerung getragenen staatlichen Strukturen entwickeln konnten. Die instabile Lage auf dem Balkan sorgte dafür, dass die Kontrolle der UN über diese Gebiete immer weiter ausgedehnt wurde und bis heute anhält. So verfügt der »Hohe Vertreter für Bosnien-Herzegowina«, der Brite Paddy Ashdown, über nahezu unbeschränkte politische Befugnisse: Er hat das Recht, jederzeit Entscheidungen der unter internationaler Überwachung demokratisch gewählten Regierung des eigentlich »souveränen« bosnischen Staates abzuändern. Am 17. Dezember 2002 präsentierte Ashdown dem bosnischen Parlament einen von seinem Amt verfassten Reformplan – nicht zur Abstimmung, sondern zur Kenntnisnahme – und schloss seine Ausführungen mit den bezeichnenden Worten: »Je weniger Reformen Sie vorantreiben, desto mehr werde ich zu tun haben.«

Der Verlust an innenpolitischer Orientierung und Integrationskraft setzt sich auch im außenpolitischen Handeln der USA und des Westens fort. Es zeugt von großer Unsicherheit und unterstreicht das Fehlen des politischen Selbstbewusstseins, Visionen zu entwickeln und durchzusetzen.

»9/11«: Beginn einer neuen Epoche?

»Nichts wird mehr so sein, wie es war.« Dieser viel zitierte Satz deutet die Vehemenz an, mit der die terroristischen Anschläge auf das World Trade Center und das Pentagon vom 11. September 2001 die Vereinigten Staaten von Amerika und die gesamte Welt erschütterten.

Wahrscheinlich gibt es kaum ein weltpolitisches Ereignis, das deutlicher macht, welche zentrale Rolle politische Ideologie für das Verstehen politischer Zusammenhänge einnimmt. Machtpolitisch, militärisch oder ökonomisch betrachtet war der 11. September »lediglich« ein Terrorakt, wenngleich einer mit einer fürchterlich hohen Anzahl von Todesopfern. Weder trat aber mit den Anschlägen eine neue Supermacht auf den Plan, die die internationale Ordnung bedroht, noch kamen moderne Waffen zum Einsatz, noch wurde das amerikanische Machtzentrum tatsächlich außer Gefecht gesetzt.

Die Bedeutung der Anschläge liegt in ihrer Symbolik. Sie trafen mit New York eine Stadt, die aufgrund ihrer Kommerzialität und ihrer multikulturellen Strahlkraft für viele Menschen das Zentrum der modernen Welt darstellt. Daher wurden die Angriffe nicht als nur gegen Amerika, sondern gegen die westliche Zivilisation gerichtet verstanden: »9/11« wurde zum Synonym für eine neue westliche Verwundbarkeit in einer zunehmend unüberschaubaren Welt, in der neue, unsichtbare Feinde, ohne nennenswerte militärische Ausrüstung, unvorhersehbar Grausames zu tun bereit und imstande sind, das nicht mit traditionell politischen Parametern zu begreifen ist. Insofern bestärkten die Terroranschläge ein Gefühl, das schon seit längerem das politische Denken im Westen prägt: die Angst vor Destabilisierung und das Gefühl der eigenen Ohnmacht.

Die politischen und gesellschaftlichen Reaktionen auf die

Anschläge sprechen für die Relevanz dieser These. Die amerikanische Nation vereinte sich in der Trauer um die Opfer und kürte sie zu ihren neuen Helden. Und sie schwor, versinnbildlicht durch George W. Bushs »globalen Krieg gegen den Terrorismus«, den unsichtbaren Feinden Rache. Es schien zunächst, als könne dieser Krieg zu einer neuen, große Teile der Welt einigenden politischen Zielsetzung werden: Nahezu alle Nationen betonten ihre Solidarität und ihr Mitgefühl mit den Vereinigten Staaten und sagten dem weltweiten Terrorismus den Kampf an. Und auch die erste Etappe dieses Krieges – die Zerstörung des afghanischen Taliban-Regimes und die Jagd auf den Urheber der Anschläge, Osama bin Laden – fand insgesamt große Zustimmung; zumindest formierte sich weltweit nur wenig Protest.

Doch schon bald danach offenbarten sich die Schwierigkeiten, den Krieg gegen den Terror zu einem neuen Leitmotiv der Weltpolitik zu machen. Während im Kalten Krieg eine klare Front und ein eindeutig zu definierender politischer Feind existierten, hatte man es nun mit einem unsichtbaren Feind zu tun, der weder national noch im klassischen Sinne militärisch agierte. Die von US-Präsident Bush aufgezeigte Strategie zur Bekämpfung dieses Feindes ähnelte jedoch eher dem militärischen Vorgehen, wie es im Kalten Krieg üblich war. In Anlehnung an die antisowjetische Rhetorik des ehemaligen US-Präsidenten Reagan (»Reich des Bösen«) entwickelte Bush in seiner Rede zur Lage der Nation im Januar 2002 die Theorie der »Achse des Bösen«, in der er Staaten, die er des Terrorismus oder dessen Unterstützung verdächtigte, an den Pranger der zivilisierten Welt stellte. Entsprechend forderte Bush alle Staaten der Welt auf, sich zu entscheiden, auf welcher Seite sie stehen. Das Einfordern von weltweiter Solidarität brachte den amerikanischen Führungsanspruch zum Ausdruck, zeigte aber auch, wie sehr die Vereinigten Staaten der Selbstvergewisserung durch die internationale Solidarität bedurften. Das Einfordern dieser Solidarität war nicht nur als Warnung an alle »Unsolidarischen« zu werten, sondern auch als Versuch, klare Fronten und klare Lagereinteilungen in einer ansonsten unübersichtlichen, chaotischen und daher bedrohlichen Welt zu definieren. So vertrat die US-Sicherheitsberaterin Condoleezza Rice die Auffassung, mit dem 11. September sei der Zeitpunkt gekommen, an dem die USA ähnlich wie in den Jahren 1945 bis 1947 ein neues Organisationsprinzip für ihre Außenpolitik entwickeln müssten. Präsident Bush formulierte dies wie folgt: »Dies ist ein entscheidender Moment. Wir haben die Gelegenheit, die Welt zu restrukturieren in Richtung Freiheit, und wir müssen es richtig anpacken.« (zit. nach Michael Hirsh: »The Death Of A Founding Myth«, in: *Newsweek*, Special Davos Edition, Dezember 2001, S. 22)

Die Theorie der »Achse des Bösen« stieß jedoch in weiten Teilen der Weltbevölkerung auf Zurückhaltung. Dass Kuba und Nordkorea gemeinsam mit Syrien und dem Iran eine machtvolle »antiwestliche« Koalition gebildet hätten, erschien wenig glaubwürdig. In der akademischen und politischen Debatte setzte sich der Eindruck fest, der Anti-Terror-Krieg sei zum Synonym für eine neue imperiale amerikanische Weltpolitik geworden, die das Ziel habe, die ganze Welt gefügig zu machen. Uneinigkeit besteht weiterhin in der Einschätzung, inwieweit es den USA gelingen werde oder bereits gelinge, ihren auf der Basis des Anti-Terror-Krieges stehenden globalen Führungsanspruch politische Realität werden zu lassen. Dass davon nicht ohne weiteres auszugehen ist, wurde im Zuge des Irakkrieges im Jahre 2003 deutlich: Die USA waren nicht imstande, den Westen für den Krieg gegen den alten Feind Saddam Hussein zu gewinnen. Anstatt eine weltweite Front gegen den Terror unter dem organisatorischen Dach von UNO und Nato zu formen, musste sich Bush mit einer Kriegskoalition begnügen, an der außer Großbritannien keine der großen Industrienationen beteiligt war.

Auch wenn die aggressive Reaktion der Bush-Administration auf das Zögern der Europäer die These von der imperialen Außenpolitik Washingtons zu untermauern schien, zeigen jedoch die fortgesetzten Versuche, in den Gremien von UN und Nato Unterstützung für die eigene Politik zu gewinnen, dass die schroffe

US-Politik eher als trotzige Reaktion auf die internationale Zurückweisung zu werten ist. Die Bemühungen, eine breite Koalition für den Wiederaufbau des Irak auf die Beine zu stellen, zeugt ebenfalls von dem Bestreben Washingtons, die Stabilität gewachsener Allianzen nicht vollständig aufzugeben und eine internationale Isolation zu vermeiden.

Der Krieg gegen den Terrorismus eignet sich nicht als Leitmotiv, auf dem eine neue, den Westen einende Ideologie entwickelt werden kann. Die Tatsache, dass über die »Achse des Bösen« genau dies versucht wurde, ist ein weiteres Indiz für das Fehlen einer solchen Ideologie sowie einer Vision, mit der die USA ihren globalen Führungsanspruch national wie international legitimieren könnten. Der 11. September und die ihm folgenden Ereignisse zeigen mehr als alles andere die Verletzbarkeit des westlichen Selbstbewusstseins sowie der letzten verbleibenden Supermacht.

Werden die USA zu einem globalen Empire?

Nach Ansicht vieler Beobachter ist mit dem Beginn der US-Präsidentschaft von George W. Bush, spätestens aber mit den Ereignissen des 11. September 2001, eine neue Phase der Weltpolitik angebrochen. Skeptiker befürchten, dass die internationale Kooperation nun zur Disposition steht und die Politik des Humanitarismus und der Menschenrechte durch eine stark nationale Interessen bestimmte amerikanische Außenpolitik unterlaufen werde.

Die Debatten über die globale Ordnung nach dem 11. September 2001 konzentrieren sich auf die Frage, welche Rolle die Vereinigten Staaten von Amerika in Zukunft einnehmen werden. Zumeist dominiert die Einschätzung, dass die USA als einzige verbliebene Supermacht die Welt nach ihren Maßstäben neu auszurichten trachten – zuweilen werden die USA als das »neue Rom«, als globales und neokoloniales Empire beschrieben.

Militärisch ist die Grundlage für eine globale amerikanische Dominanz der USA zweifellos gegeben. Während die USA im Jahr 2002 knapp 380 Milliarden Dollar für Rüstung ausgaben, brachten die europäischen Nato-Staaten zusammen gerade 140 Milliarden Dollar hierfür auf. Allein der Nachschlag für den US-Militärhaushalt im Jahr 2002 war mit 48 Milliarden Dollar doppelt so groß wie der gesamte Verteidigungsetat der Bundesrepublik Deutschland. Seit dem Irakkrieg wurde der amerikanische Militärhaushalt weiter beträchtlich aufgestockt, während die Verteidigungsausgaben Europas, wenn überhaupt, nur äußerst moderat angestiegen sind. Es bedarf keiner langen Diskussionen: Die USA sind in militärischer Hinsicht auf lange Sicht die einzige Supermacht, und es scheint, als wolle auch niemand diesen Status in Frage stellen.

Auf ökonomischer Ebene ist die Dominanz der Vereinigten Staaten von Amerika weniger deutlich. Zwar ist die US-Wirtschaft auch zu Beginn des 21. Jahrhunderts die weltweit stärkste und damit der wichtigste Motor der Weltwirtschaft, allerdings fehlt ihr heute die absolute Stärke und die Dynamik, um richtungsweisende Entscheidungen weltpolitisch zu einer »klaren Angelegenheit« zu machen. Deutlich wurde dies, als sich die Europäische Zentralbank, kurz nachdem die Amerikaner in Bagdad einrückten, den Forderungen aus Washington widersetzte, die Leitzinsen in der Euro-Zone zu senken (»Europe resists G7 pressure to loosen rate policy«, in: *The Times*, 14.4.2003). In der seit Jahrzehnten auf Kooperation ausgerichteten Weltwirtschaft war dieser Vorgang ein Novum und wurde als Ausdruck der wachsenden »Emanzipation« Europas gewertet. Im Vergleich zur wirtschaftlichen Dominanz Amerikas nach dem Zweiten Weltkrieg zeigt sich, dass die heutigen Verhältnisse viel ausgeglichener sind: So stellt die Europäische Union, deren wirtschafts- und finanzpolitische Integration weit vorangeschritten ist, einen mächtigen, wenn nicht ebenbürtigen Wirtschaftsblock dar. Mit China, Japan und Indien als Motoren ist auch Ostasien ein Wirtschaftsraum mit enormen Potenzialen. Insbesondere China ist mit seinem jährlichen Wirtschaftswachstum von 20 bis 30 Prozent eine der wenigen dynamischen Antriebe der ansonsten lahmenden Weltwirtschaft und liegt hinter den USA, der EU und Japan bereits auf Rang vier unter den Wirtschaftsmächten (»China ist bald reif für die G7-Gruppe«, in: *www.dw-world.de*, 11.11.2003).

Diese neuen Machtblöcke sind jedoch nicht nur Konkurrenten, sie sorgen auch für die Stabilität der amerikanischen Märkte: Die USA sind heute sowohl die stärkste Nationalökonomie als auch die größte Schuldnernation. Das amerikanische Handelsdefizit – Amerika importiert mehr, als es exportiert – hat mit einem Anteil von fünf Prozent am Bruttoinlandsprodukt ein historisches Rekordniveau erreicht. Ausgeglichen wird dieses Defizit zu einem überwiegenden Teil durch Investitionen und Subventionen aus China, Hongkong, Taiwan, Japan und Singapur. Die britische *Financial Times* schlussfolgerte aus dieser Tatsache, dass letztlich die asiatischen Regierungen den Krieg im Irak finanziert hätten (»The sinews of war are Asian«, in: *Financial Times*, 21.3.2003).

Diese ökonomische Bipolarität (oder gar Multipolarität) prägt auch die Diskussionen über die Globalisierung und die internationale Vernetzung der Weltwirtschaft. Immer wieder wird festgestellt, die globalen Abhängigkeiten begrenzten die Freiräume für politisches Handeln. Die Tatsache, dass der amerikanische Finanzsektor stark globalisiert ist, gilt zwar einerseits als Zeichen seiner Stärke, unterstreicht aber andererseits die große Abhängigkeit von internationalen Investoren. Der britisch-amerikanische Sozialwissenschaftler Michael Mann fasst die ökonomische Stellung der USA wie folgt zusammen: »In Körperschaften wie der Welthandelsorganisation (WTO), der Gruppe der G8-Staaten und anderen globalen Organisationen wirtschaftlicher Kooperation ist es den USA heute unmöglich, im Alleingang zu handeln ... Auf die Nationalökonomien der Staaten des Nordens und auch auf andere große Volkswirtschaften wie Russland, Indien oder China haben die USA nur begrenzten Einfluss.« (Michael Mann: *Die ohnmächtige Supermacht*, S. 63)

Daraus leitet Mann die These ab, die USA seien unfähig und überfordert, auf der Ebene der Weltpolitik tatsächlich die angestrebte Rolle einer beherrschenden Supermacht zu spielen: »Das ›American Empire‹ entpuppt sich als militärischer Riese, ökonomischer Trittbrettfahrer, politisch Schizophrener und ideologisches Phantom.« (ebd., S. 27)

Ähnlich argumentieren auch der amerikanische Autor Walter Russell Mead und der Historiker Paul Kennedy. Was Mann die »Überforderung« Amerikas nennt, beschreiben sowohl Mead als auch Kennedy als »(imperiale) Überdehnung« einer Weltmacht, die glaubt, eine neue Ordnung entwickeln zu können, tatsächlich aber die globale Unordnung weiter verschärft und schließlich daran zu zerbrechen droht.

Tatsächlich kann argumentiert werden, dass die weltweite wirtschaftliche Interdependenz die Spielräume für politische Alleingänge verengt hat. Diese Entwicklung hat jedoch nicht zu einer

»Überforderung« oder »Überdehnung« Amerikas geführt. Im Gegenteil: Während der 90er-Jahre konnten die Vereinigten Staaten ihre globale Führungsrolle ausbauen. Die Dichotomie zwischen harter wirtschaftlicher Konkurrenz einerseits und ausgeprägter globaler Kooperation andererseits hat die politische Ordnung bisher nicht grundlegend in Frage gestellt. Auch wenn hier künftige Spannungspotenziale schlummern: Politisch sind die USA zu Beginn des 21. Jahrhunderts die einzige Supermacht. Gerade die von US-Präsident Clinton eingeleitete »humanitäre Außenpolitik« hat die moralische Autorität des Westens, weltweit im Namen von Humanität und Menschenrechten eingreifen zu können, enorm gestärkt. Die Veränderungen auf der Ebene internationaler Institutionen tragen eindeutig die amerikanische Handschrift, ohne dass diese auf nennenswerten politischen Widerstand gestoßen wären. Auch der Wandel der Nato von einem Verteidigungs- hin zu einem Interventionsbündnis mit globaler Zuständigkeit ist nicht als Schwächung US-amerikanischer Vorherrschaft zu werten. Zurzeit kann nicht davon ausgegangen werden, dass sich aufstrebende Mächte wie etwa China auf politischem Konfrontationskurs befinden. Bei aller ökonomischen Konkurrenz: Auch nach dem 11. September 2001 überwiegt in der Weltpolitik das Streben nach Kooperation und Stabilität – gerade zwischen den großen Wirtschaftsnationen.

Der 11. September 2001 ist nicht die entscheidende »Zeitenwende«. Vielmehr ist bereits seit dem Ende des Kalten Krieges der Einfluss Amerikas auf die politischen Entwicklungen in der Welt enorm gewachsen. Das offensive Auftreten der Bush-Administration nach den Terroranschlägen unterstreicht den globalen Führungsanspruch der westlichen Großmacht. Dass im Zuge des globalen Krieges gegen den Terror Spannungen zwischen Amerika und Europa zutage traten, ist eher dem Schwinden politischer Entschlossenheit in der gesamten westlichen Welt als einer neuen »imperialen« Strategie der Vereinigten Staaten zuzuschreiben.

Gibt es eine Renaissance des »Neokonservatismus«?

»Neokonservative« Stimmen betonen neben dem uneinholbaren Vorsprung der amerikanischen Militärmaschinerie und der zentralen Stellung der US-Wirtschaft im Weltmaßstab vor allen Dingen die moralische Verpflichtung der Vereinigten Staaten, die Welt zu ordnen und zu führen. Kritiker der Bush-Regierung vermuten, dass die neue amerikanische Außenpolitik durch den Aufschwung der Neokonservativen geprägt sei.

Dem neokonservativen Politikansatz liegt die Einschätzung zugrunde, Washington habe es nach dem Ende des Kalten Krieges versäumt, der neuen Weltordnung den »amerikanischen Stempel« aufzudrücken und den Grundstein für ein neues »amerikanisches Jahrhundert« zu legen. Die in den 90er-Jahren zunehmend in der Terminologie des Menschenrechtsdiskurses formulierte amerikanische Außenpolitik wird als zu schwach, zu interesselos und zu rücksichtsvoll gegenüber den europäischen Partnern, aber auch gegenüber den potenziellen Feinden angesehen. Neokonservative propagieren daher die Rückkehr zu einer stärker von nationalen Interessen determinierten und kohärenten amerikanischen Außenpolitik. Als Vorbild gilt ihnen die politische Kultur des Kalten Krieges, in dem ihrer Ansicht nach die USA ihre Dominanz politisch stärker ausgespielt hätten. Die heutige Nationale Sicherheitsberaterin der Bush-Administration, Condoleezza Rice, charakterisierte im Jahr 2000 die aus ihrer Sicht unentschiedene amerikanische Außenpolitik der 90er-Jahre wie folgt: »Die Vereinigten Staaten hatten nach dem Untergang der Sowjetunion wachsende Schwierigkeiten damit, ihre nationalen Interessen zu definieren.« (»Promoting the National Interest«, in: *Foreign Affairs*, Jan. / Feb. 2000, Vol. 79, S. 1)

Die neokonservative Kritik beschreibt zutreffend die Schwierigkeit, nach dem Ende des Systemkonflikts »Interessenpolitik« zu formulieren. Zu Recht weist Rice darauf hin, dass es der amerikanischen Politik an Kohärenz und an einer klar umrissenen »Mission« gefehlt habe. Insofern ist das neokonservative Bemühen, die Ziele amerikanischer Politik eindeutiger zu definieren und entschlossener umzusetzen, nachvollziehbar. Es entspringt dem tatsächlichen Mangel an Orientierung.

Dennoch stellt sich die Frage, ob die amerikanische Außenpolitik in den 90er-Jahren tatsächlich zurückhaltender, »desinteressiert« oder gar zaghaft und passiv war. Gegen diese Einschätzung spricht die Tatsache, dass gerade die 90er-Jahre durch eine starke Zunahme westlicher Interventionen geprägt waren und zudem die USA nach dem Ende des Kalten Krieges ihren politischen wie auch ökonomischen Einfluss in der Welt ausweiten konnten. Neben der Öffnung der osteuropäischen Staaten für den Weltmarkt hatte der Zusammenbruch des Sozialismus auch zur Folge, dass große Teile der Welt nicht länger dem politischen Einfluss des Westens entzogen waren. In zahlreichen Ländern griffen die USA sowie andere westliche Staaten entweder im Rahmen von UN, Nato oder aber über »Koalitionen der Willigen« militärisch ein, ersetzten missliebige durch westlich orientierte Regime oder durch internationale Protektorate und beförderten die Schaffung neuer Staatsgebilde mit marktwirtschaftlichen Strukturen.

Es ist also nicht die tatsächliche Fähigkeit, nationale Interessen weltweit durchzusetzen, die in den 90er-Jahren verloren ging, im Gegenteil: Nie zuvor gab es international so wenig Hemmnisse für ihre Durchsetzung. Die zunehmende wirtschaftliche Vernetzung der Welt und das Verschwinden des Ostblocks haben den westlichen und amerikanischen Einfluss enorm gesteigert. Was sich tatsächlich verändert hat, ist der Charakter »nationaler Interessen«. Wurden diese zu Zeiten des Kolonialismus wie auch während des Kalten Krieges durch machtpolitische, geostrategische und ökonomische Interessenlagen bestimmt, so werden sie heute eher durch das Streben nach moralischer Autorität sowie durch das Unter-Beweis-Stellen von Handlungsfähigkeit geprägt. Es sind daher weniger rationale als vielmehr subjektive Faktoren und kurzfristige Zielsetzungen ausschlaggebend. Ursache für diese Veränderung ist das Fehlen überzeugender Konzepte und nationaler Visionen. Außenpolitisches Handeln wird stärker als in vergangenen Jahrzehnten durch innenpolitische Verunsicherung angetrieben und gewinnt daher eine neue Bedeutung. Um es zu legitimieren, verweisen Politiker zunehmend auf moralische Werte und übergeordnete Ziele, denen sie sich verpflichtet fühlen.

Das westliche Engagement auf dem Balkan, in Afrika oder jüngst in Afghanistan und im Irak belegt dies eindrucksvoll: Dort ging es weder um wirtschaftliche Interessen, noch waren geostrategische Erwägungen von entscheidender Bedeutung. Die Kriege wurden im Namen von Humanität und Menschenrechten geführt, um genau die moralische Autorität und Legitimation zu erringen, die auf anderen (innenpolitischen) Politikfeldern fehlt. Die Auffassung der Neokonservativen, die USA hätten der Welt in den letzten Jahren nicht, wie noch während des Systemkonflikts, »ihren Stempel aufgedrückt«, ist zwar einerseits verständlich, missversteht aber andererseits den Charakter der Menschenrechtspolitik. Neokonservatives Denken mag sich zu Recht gegen die Diffusität und Inkohärenz dieser Art von weltpolitischem Handeln wenden, es unterschätzt aber den Umstand, dass nach dem Ende der großen Gesellschaftsentwürfe die Menschenrechtspolitik die einzig verbliebene »Ideologie« war, in deren Namen Mehrheiten für außenpolitisches Engagement gefunden werden konnten. Die Tatsache, dass die Regierung Bush nun ihrerseits ihr Handeln mit Verweis auf humanitäre Intentionen rechtfertigt, verdeutlicht, dass dies nicht Clintons Liberalität geschuldet war: Auch Neokonservative haben kaum eine andere Alternative.

Zudem verklären Neokonservative die Vergangenheit, wenn sie die politische Kultur des Kalten Krieges als Blütezeit nationaler Interessenpolitik darstellen. Gerade die Nachkriegsordnung war durch eine machtpolitische und ideologische Grundkonstellation geprägt, in der die Durchsetzung »nationaler Interessen« lediglich im ideologischen Rahmen des Antikommunismus möglich war. Schon die Aufteilung der Nachkriegswelt in zwei verschiedene Lager (Kapitalismus gegen Kommunismus) stellte einen Kompromiss dar. Zwar dominierten die USA den Westen, aber Osteuropa sowie große Teile Asiens, Afrikas und Arabiens wurden dem amerikanischen und westlichen Einfluss jahrzehntelang entzogen. Weitere Kompromisse hinsichtlich ihres Führungsanspruches mussten die USA in den 70er-Jahren eingehen. Nicht zuletzt wurde das »Vietnam-Syndrom« zum Synonym für das »angeknackste« amerikanische Selbstbewusstsein. Der Versuch Ronald Reagans in den 80er-Jahren, den globalen Führungsanspruch der USA zu festigen, war eine Reaktion auf diese relative Schwäche. Dieser sich an die Politik der 50er-Jahre anlehnende und betont missionarische Stil Reagans gilt den Neokonservativen heute als Vorlage.

Doch nicht nur die Suche nach politischen Visionen führt zurück in die Vergangenheit. Auch große Teile des Personals der »NeoCons« stammen aus den Hochphasen des Kalten Krieges: Der heutige amerikanische Verteidigungsminister Donald Rumsfeld und der US-Vizepräsident Dick Cheney begannen ihre politischen Karrieren vor über 30 Jahren unter US-Präsident Richard Nixon (1969 bis 1974). Richard Perle, bis vor kurzem einer der engsten Berater Rumsfelds, bekleidet ebenfalls seit den 70er-Jahren politische Ämter innerhalb der konservativen Eliten Amerikas. Unter Reagan war er für die Rüstungskontrolle verantwortlich. Auch Rumsfelds Vizeminister Paul Wolfowitz begann seine politische Karriere in den 60er-Jahren; während der 80er-Jahre war er unter Präsident Reagan im Außenministerium tätig. Auch wenn sie teilweise unterschiedlichen politischen Zusammenhängen entstammen – sie alle eint die Ablehnung der als »feige« und orientierungslos empfundenen Außenpolitik Clintons sowie das Streben nach einer klaren Vision der nationalen Stärke Amerikas.

Es wäre jedoch eine Überschätzung des Einflusses neokonservativer Denker, die Wahl des Republikaners George W. Bushs zum US-Präsidenten im Jahr 2000 als »Trendwende« in der amerikanischen Politik zu bezeichnen. Allein der Umstand, dass die Wahlbeteiligung sehr niedrig und das Ergebnis denkbar knapp und umstritten war, zeigt, dass in der amerikanischen Gesellschaft weder eine politische Aufbruchstimmung herrschte noch ein weit reichender Wunsch nach grundlegenden Veränderungen Bush an die Macht spülte. Entsprechend lasen sich die ersten Monate der neuen Bush-Regierung eher wie eine Fortsetzung der Clinton-Politik. Zwar werden die Ablehnung des Kyoto-Protokolls zur Klimapolitik sowie der Widerstand gegen den Internationalen Strafgerichtshof als Beginn des amerikanischen Unilateralismus kritisiert und Bush angelastet; tatsächlich jedoch war es sein demokratischer Amtsvorgänger, der diese politische Richtung einschlug.

Erst mit dem 11. September 2001 veränderte sich das Erscheinungsbild der Bush-Administration: Die neokonservativen Vertreter sahen ihre Chance gekommen, der amerikanischen Politik neues Profil zu verleihen und einen außenpolitischen Stil zu prägen, der an die ideologische Klarheit vergangener Zeiten erinnerte. An die Stelle von Reagans »Reich des Bösen« und des Verteidigungskrieges der »Freien Welt« gegen den »Totalitarismus« rückten nun Bushs »Achse des Bösen« (Irak, Nordkorea, Libyen, Iran sowie Kuba) und der globale »Krieg gegen den Terror«. Diese Formulierungen offenbaren das Bestreben, die Welt in so eindeutige Kategorien einzuteilen, wie es während des Kalten Krieges angemessen schien. Wie wenig diese Denkschablonen auf die heutige Weltlage passen, wurde alsbald deutlich: Weder gibt es einen kohärenten und einflussreichen »Feind« auf der Ebene der Weltpolitik noch eine starke innenpolitische Opposition innerhalb des Westens, die diese Weltsicht mit ideologischer Munition versorgen könnten; sie sind – wie die Ereignisse vor, während und nach dem Irakkrieg zeigten – schlecht geeignet, Amerikas globalen Führungsanspruch langfristig zu untermauern.

Die Neokonservativen reagieren auf die zunehmende Orientierungslosigkeit und die fehlende Entschlossenheit westlicher Politik, die sich nach dem Endes des Kalten Krieges ausbreitete. In ihrer Suche nach Leitmotiven bedienen sie sich jedoch Politikstilen der Vergangenheit, ohne dass dafür die politischen Voraussetzungen existieren. Es fehlt ein klar definierter Feind, gegen den man im klassischen Stil einer militärischen Großmacht vorgehen könnte. Und es fehlt eine durchgehende ideelle Stärke, derer es bedürfte, um die amerikanische Außenpolitik langfristig neu auszurichten.

Die präventive US-Sicherheitsstrategie – Abkehr von der Menschenrechtspolitik?

Die neu formulierte Nationale Sicherheitsstrategie der Vereinigten Staaten gilt vielen Kritikern als Signal für die Abkehr Amerikas vom Politikkonzept des Humanitarismus. Sie sehen in der Formulierung der präventiven Kriegspolitik einen grundlegenden Widerspruch zu der »postnationalen« Menschenrechtspolitik der 90er-Jahre.

Die 2002 vorgestellte Nationale Sicherheitsstrategie der Vereinigten Staaten von Amerika sieht militärische Interventionen in so genannte »Schurkenstaaten« als Instrument zur weltweiten Terrorismusbekämpfung vor; diese Interventionen sollen, wenn möglich, präventiv erfolgen, d. h. potenzielle Gefahrenquellen ausschalten, bevor sie überhaupt entstehen. So schrieb George W. Bush in seiner Einleitung zur »National Security Strategy of the United States of America« im September 2002: »Amerika wird auf sich anbahnende Bedrohungen reagieren, bevor sie völlig ausgereift sind ... Die Ereignisse des 11. September 2001 haben uns gelehrt, dass schwache Staaten wie Afghanistan für die nationalen Interessen der starken Staaten eine große Gefahr darstellen können.«

Dass diese amerikanischen Reaktionen notfalls auch ohne die europäischen Verbündeten erfolgen müssten, betonte der neokonservative Vordenker Robert Kagan. Für ihn ist der Bruch der transatlantischen Beziehungen nicht nur vorstellbar, sondern die »Auseinanderentwicklung« von Amerika und Europa in gewisser Weise sogar unabdingbar. »Wir sollten nicht länger so tun, als hätten Europäer und Amerikaner die gleiche Weltsicht oder als würden sie auch nur in der gleichen Welt leben.« (Robert Kagan: *Macht und Ohnmacht. Amerika und Europa in der neuen Weltordnung*, S. 7)

Kernige Aussagen wie diese stießen im eher zögerlichen Europa auf breite Ablehnung und riefen zahlreiche Politiker und Intellektuelle auf den Plan. Jürgen Habermas, traditionell ein Verfechter des transatlantischen Bündnisses, stellte fest, die USA hätten mit ihrer Politik der präventiven Terrorismusbekämpfung die »normative Autorität verloren«. Der französische Publizist Emmanuel Todd geißelte die amerikanische Politik für ihren gleichermaßen arroganten wie zerstörerischen Richtungswechsel: »Die USA projizieren ihre eigene innere Desintegration auf die Welt.« (in: *Die Zeit*, 18/2003) Die Wogen schlugen höher und höher: Donald Rumsfeld kritisierte die dem Irakkrieg ablehnend gegenüberstehenden europäischen Staaten und bezeichnete sie als »das alte Europa«. Deutschland nannte er gar in einem Atemzug mit den »Schurkenstaaten« Kuba und Libyen.

Trotz der rhetorischen Schärfe der Auseinandersetzung stellt sich die Frage, ob die präventive Sicherheitsstrategie der Vereinigten Staaten tatsächlich eine Abkehr von humanitaristischen Prinzipien darstellt.

Die Attraktivität des humanitaristischen Politikansatzes beruht auf zwei zentralen Komponenten: Einerseits transportiert er die Idee der Universalität menschlicher Interessen und Wünsche jenseits von politischer Gesinnung, Nationalität, Religions- oder Kulturzugehörigkeit. Andererseits steht die Menschenrechtspolitik in den Augen vieler Menschen im Gegensatz zu nationaler Interessenpolitik, da sie die Rechte und Bedürfnisse von unterdrückten Minderheiten und ausgegrenzten Gruppen in den Vordergrund stellt.

Kritik an der humanitären Ausrichtung internationaler Politik ist in der Regel nicht grundsätzlicher Natur. Die meisten Kritiker verweisen auf konkrete Versäumnisse und hieraus folgende Fehlentwicklungen vor Ort: Mal ist es die Schwerfälligkeit international abgestimmten Handelns, mal fehlende Koordination und manchmal fehlende Durchschlagskraft, die bedauert werden. Dazu komme, dass immer erst dann in Krisenregionen eingegriffen werde, wenn die Lage bereits außer Kontrolle geraten und Menschen zu Schaden gekommen sind.

Bereits diese Kritik macht deutlich, dass »präventives Eingreifen« nicht per se abgelehnt wird; es wird zum Teil sogar gefordert. Auch das Selbstverständnis Deutschlands und seiner Rolle in der Weltpolitik basiert auf der Wichtigkeit präventiven Handelns: Das während der Balkankriege populär gewordene Motto »Nie wieder Auschwitz«, also der Anspruch, zukünftig Kriege und Völkermorde aktiv verhindern zu wollen, bevor sie geschehen, diente während des Kosovokrieges im Frühjahr 1999 der Legitimation des ersten Kampfeinsatzes deutscher Soldaten seit dem Zweiten Weltkrieg.

»Radikale« Kritik am westlichen Interventionismus betont, humanitäre Intentionen würden vorgeschoben, um wirtschaftliche Motivationen zu kaschieren oder um von innenpolitischen Problemen abzulenken. So wurden sowohl die Interventionen auf dem Balkan als auch im Irak dafür kritisiert, es sei den intervenierenden Staaten nicht um Humanität, sondern um ökonomische und geostrategische Interessen gegangen.

Die Grundannahme jedoch, dass es legitim und sogar geboten sei, dass westliche Staaten im Falle von Menschenrechtsverletzungen eingreifen und die nationale Souveränität einzelner Staaten missachten, bleibt zumeist unangetastet. Deutlich machten dies die Friedensdemonstrationen während des Irakkrieges, auf denen zwar George W. Bush für seine Irakpolitik kritisiert wurde, aber andere, nichtkriegerische Formen westlicher Intervention mehrheitlich begrüßt wurden. Auch die schrittweise Durchlöcherung nationaler Souveränität wird von vielen Kriegsgegnern als Fortschritt gefeiert, da sich nunmehr Despoten nicht mehr innerhalb ihrer Landesgrenzen verstecken könnten, sondern sich vor der internationalen Staatengemeinschaft für ihre Verbrechen zu rechtfertigen hätten. So begrüßen viele derer, die Kritik an der einen oder anderen militärischen Intervention äußern, die Errichtung des Internationalen Strafgerichtshofes als Sieg des internationalen Rechts.

In der neuen amerikanischen Sicherheitsdoktrin eine Abkehr von diesen Prinzipien des Humanitarismus zu sehen, verkennt den Charakter »humanitärer Interventionen«. Wie bereits dargestellt wurde, gewann der »Humanitarismus« als Folge der tiefen politischen Krise innerhalb der westlichen Eliten nach dem Ende des Kalten Krieges an Bedeutung und lieferte eine Antwort auf diese Unsicherheiten. Wie wichtig dieses Vokabular für die Formulierung der amerikanischen Außenpolitik war und ist, formulierte der US-Sicherheitsberater der Clinton-Administration, Zbigniew Brzezinski: »Menschenrechte sind die einzige magnetisierende politische Idee unserer Zeit.« (zit. nach: David P. Forsythe: *Human Rights in International Relations*, Cambridge 2000, S. 33)

Human waren diese Interventionen in Wirklichkeit nicht, unabhängig davon, ob sie wirtschaftlicher oder militärischer Natur waren. Tausende Menschen starben nicht zuletzt infolge von UN-Wirtschaftssanktionen und Kriegshandlungen; alte Konfliktgräben wurden vertieft und neue geschaffen, da internationale Truppen – wie im ehemaligen Jugoslawien – die Krisenregionen kontrollierten, ohne dass sich tragfähige, eigenständige und lebensfähige demokratische Strukturen entwickeln konnten.

Die verfahrene Situation in vielen Krisenregionen ist jedoch nur bedingt auf das »Scheitern« des Humanitarismus zurückzuführen. Der humanitaristische Politikansatz ist aufgrund seiner engen Anbindung an innenpolitische Prozesse von kurzfristiger und inkohärenter Natur. Der Mangel an langfristigen innenpolitischen Konzepten, durch den Politik insgesamt zunehmend zu einer Art permanentem Krisenmanagement degradiert wird, spiegelt sich in der Außenpolitik wider: Schlüssige Perspektiven zur fortschrittlichen Entwicklung von Krisenregionen existieren daher zumeist nicht oder werden nur halbherzig umgesetzt. So kurzfristig die innenpolitischen Motivationen für das Eingreifen in Krisen zumeist sind, so schnell verliert diese Politik an Relevanz, wenn vor Ort erst einmal die Waffen schweigen.

Ein weiterer Aspekt deutet darauf hin, dass der humanitäre Interventionismus mehr Schaden als Nutzen bringt: Indem sich die internationale Gemeinschaft die Pflicht auferlegt, Nationalstaaten anzugreifen, in denen die Menschenrechte verletzt werden, untergräbt sie nicht nur allgemein kodifizierte Grundprinzipien des Völkerrechts, sondern auch nationale Souveränität im Allgemeinen. Der ehemalige US-Präsident Clinton selbst brachte Anfang der 90er-Jahre seinen Unmut über das in der Charta der Vereinten Nationen kodifizierte Interventionsverbot zum Ausdruck: »Die Idee der Nation, wie wir sie kennen, wird [im 21. Jahrhundert, M. H.] überholt sein. Alle Staaten werden eine einzige Autorität anerkennen.« (in: *Time Magazine*, 20. Juli 1992)

Die Folgen der Aushöhlung nationaler Souveränität sind weit reichend. Sie untergräbt das Prinzip der formalen Gleichheit, das allen Nationalstaaten – unabhängig von ihrer Macht – die gleichen legalen und politischen Rechte zugesteht. Zudem sorgt die Entwertung staatlicher Autorität dafür, dass nichtstaatliche Akteure eine immer größere Rolle spielen. Insbesondere in Staaten mit labiler oder eingeschränkter staatlicher Autorität führt dies dazu, dass bewaffnete Gruppen das entstandene Machtvakuum für ihre eigenen Zwecke nutzen und ihre Macht vergrößern konnten. Der Irak ist hierfür ein gutes Beispiel: Seit der Errichtung der UN-Schutzzone im Nordirak im Jahre 1991, die die Kurden vor Gewaltakten des irakischen Militärs schützen sollte, hatte sich die Region zu einem Eldorado für islamische Terroristen entwickelt. Nach Angaben von US-Außenminister Colin Powell hatten sogar Mitglieder der Terrororganisation Al Qaida nach der Bombardierung Afghanistans dort Unterschlupf gefunden.

Da einerseits staatliche Autorität untergraben wird und andererseits regionale Konflikte durch Einmischung globalisiert werden, trägt der humanitäre Interventionismus indirekt zur »Globalisierung des Terrors« bei. Richteten sich in der Vergangenheit Befreiungsbewegungen und lokale Terrorgruppen in der Regel gegen nationalstaatliche Strukturen und Regierungen, so ermöglicht deren Schwächung heute ein grenzenüberschreitendes und zugleich global ausgerichtetes Wirken von Terrornetzwerken.

Der Humanitarismus läuft Gefahr, rationale und auf dem Völkerrecht basierende Politik durch diffuse und zuweilen zögerliche Moralpolitik zu ersetzen. Die politischen Entwicklungen seit dem Ende des Ost-West-Konflikts belegen, dass dieser Interventionismus sich nicht an rechtliche Kodizes gebunden fühlt, sondern diese im Namen höherer Werte untergräbt. Der präventive Ansatz der amerikanischen Sicherheitsstrategie ist in diesem Zusammenhang nicht »neu«, sondern stellt eine, wenngleich vehemente, Fortentwicklung der Politik des Humanitarismus dar.

Zerbricht das westliche Bündnis?

Hinsichtlich ihrer globalen Verantwortung gibt es im Selbstverständnis westlicher Politik keine grundsätzlichen Konflikte zwischen den Vereinigten Staaten von Amerika und Europa. Allerdings hat sich der Charakter des westlichen Bündnisses verändert. Aus dem Bollwerk gegen den Kommunismus ist eine eher lose Partnerschaft geworden. Westliche Außenpolitik wird mangels einer klaren globalen Vision mehr und mehr von kurzfristigen innenpolitischen Motivationen geprägt, was international für Irritationen sorgt.

Das westliche Bündnis, das in der Zeit des Kalten Krieges entstand, hat sich in den 90er-Jahren grundlegend verändert. Seine ehemalige organisatorische wie inhaltliche Stabilität, die auf der Gegnerschaft zum Ostblock beruhte, ist im Zeitalter moralisch definierter Außenpolitik einem eher diffusen westlichen Konsens gewichen, der nicht zwangsläufig in konzertiertes Handeln mündet. Das einstmals straff organisierte Handlungs- und Verteidigungsbündnis entwickelt sich tendenziell zu einem eher werteorientierten Zusammenschluss auf schmaler Grundlage: Es basiert auf den Prinzipien Marktwirtschaft, Demokratie und Humanität, die jedoch lediglich grundlegender Natur sind und für die konkrete Ausgestaltung politischen Handelns keine eindeutigen Rezepte mehr liefern.

Die Konflikte, die im Zuge des Irakkriegs zum Vorschein kamen, spiegeln die Veränderung des Bündnischarakters wider: Sie betreffen den Umgang unter sowie die Arbeitsteilung zwischen den Verbündeten wie auch die Art und Weise, mit der der gemeinsamen Verantwortung entsprochen werden solle. Hierbei zeigten sich die Vereinigten Staaten seit dem Ende des Systemkonflikts alles andere als »unilateralistisch«. Im Gegenteil: Seit Jahren schon forderte Washington seine europäischen Verbündeten auf, einen größeren Teil der globalen Verantwortung zu schultern. Die Europäer erwiesen sich jedoch häufig als uneinig über die konkrete Vorgehensweise sowie als überaus zögerlich. Dies führte zu Spannungen innerhalb Europas wie auch in den transatlantischen Beziehungen und erschwerte das Finden einvernehmlicher Lösungen.

Hinzu kommt, dass das bereits beschriebene Fehlen klarer innenpolitischer, langfristiger Visionen und Rezepte den Charakter der Außenpolitik prägt. Immer stärker treten innenpolitische Erwägungen in den Vordergrund und bestimmen außenpolitische Ausrichtungen. Deutlich wurde dies, als sich Bundeskanzler Gerhard Schröder während des Wahlkampfes 2002 mit amerikakritischen Äußerungen zu Wort meldete und somit die Außenpolitik, ohne dass dies zu diesem Zeitpunkt inhaltlich geboten war, zum Wahlkampfthema machte. Der diplomatische Schaden, den er damit im deutsch-amerikanischen Verhältnis anrichtete, schien ihm angesichts der Sorge um seine Wiederwahl vertretbar. Endgültig als rein innenpolitisch motivierter Schachzug entpuppte sich Schröders Kurs, als unmittelbar nach seiner Wiederwahl der antiamerikanische Ton der Bundesregierung abgeschwächt wurde und man versuchte, sich Washington wieder anzunähern.

Die zu beobachtenden Spannungen dokumentieren den Wandel des westlichen Bündnisses. Hieraus aber den Schluss zu ziehen, die Irakfrage hätte einen tief gehenden Bruch des Westens bewirkt, scheint einerseits übertrieben und missversteht andererseits den veränderten Bündnischarakter. Die heutige Nato ist, sowohl, was ihre Ausrichtung, als auch, was ihre interne Struktur anbelangt, nicht mehr mit der Nato des Kalten Krieges zu vergleichen.

Der Konflikt zwischen den USA und Europa, der in der Irakfrage deutlich wurde, ist keiner zwischen grundlegend verschiedenen Weltsichten. Humanitäre und präventive Politikmodelle werden auf beiden Seiten des Atlantiks entworfen, und auch eine weit reichende Kooperation ist sowohl im amerikanischen wie auch im europäischen Interesse. Da die grundlegenden Prämissen außenpolitischen Handelns geteilt wurden, reduzierte sich der Konflikt letztlich auf die Frage, ob überhaupt gehandelt werden soll oder nicht. Hierbei nahm das in Europa verbreitete Zaudern zum Teil irrationale Züge an. Während sich insbesondere in Deutschland eine pazifistische und eigentlich unpolitische »Ohne-mich-Kultur« entwickelt hat, die eine Beteiligung an Kriegseinsätzen generell ablehnt, ohne jedoch adäquate Alternativen zu entwickeln, herrscht in den Vereinigten Staaten nach dem 11. September ein gewisser »Sense of Urgency« vor, ein Gefühl der Dringlichkeit, was die Lösung internationaler Probleme anbelangt. Die Frage, wie die amerikanischen Rezepte zur Problembewältigung zu bewerten sind, bietet Stoff für kontroverse Debatten. Unabhängig davon sollte jedoch die Frage gestellt werden, ob die europäische Bequemlichkeit sowie die Angst davor, überhaupt aktiv zu werden, die bessere Alternative darstellen.

Der innerwestliche Konflikt in der Irakfrage zeigt eines sehr deutlich: Die alten internationalen Strukturen haben im Zuge der Veränderungen der internationalen wie auch der innenpolitischen Landschaften ihre traditionelle Integrationsfähigkeit verloren. Auch in Zukunft werden daher Spannungen zwischen den Industrienationen auf der Tagesordnung stehen. Ob sie aber tatsächlich eines Tages zu einem Bruch des Bündnisses führen werden, ist offen.

Ausblick

Die »Neue Weltordnung« ist noch keine gänzlich »neue«. Ihre Strukturen stammen aus der Mitte des 20. Jahrhunderts und basieren auf rechtlichen Fundamenten und politischen Grundüberzeugungen, die heute immer stärker in Frage gestellt werden. Die relative Stabilität des Kalten Krieges ist einer Phase gewichen, die durch eine Vielzahl von Konflikten sowie durch die Zunahme des humanitären Interventionismus geprägt ist. Anstatt Freiheit und Demokratie zu exportieren, globalisiert diese neue Weltordnung jedoch westliche Visionslosigkeit und Instabilität.

Die aktuellen Entwicklungen im Irak und in Afghanistan machen diese Visionslosigkeit greifbar. Überspitzt formuliert könnte man sagen: Die politische Unsicherheit westlicher Eliten ist inzwischen so groß, dass diese nicht einmal mehr imstande sind, Kriege zu Ende zu führen. Den amerikanischen Truppen gelingt es nicht, die Region wirksam zu kontrollieren, geschweige denn, zukunftsweisende Strukturen aufzubauen. Ein entscheidender Grund hierfür ist, dass die amerikanischen Perspektiven für den Irak unklar sind. Auch die traditionellen Prozesse der Meinungsbildung funktionieren nicht mehr: Während der erste Golfkrieg 1991 durch die Präsenz der Medien auch »propagandistisch gewonnen« wurde, zeigte sich im letzten Krieg, dass es den Koalitionären nicht gelang, breite nationale Zustimmung für ihr Handeln zu generieren. Zugleich gerieten die ursprünglichen Ziele des Feldzuges gegen den Terror aus dem Blickfeld. Was im Herbst 2001 noch als Vehikel erschien, um dem westlichen Bündnis neue Einigkeit und Entschlossenheit einzuhauchen, ist nun selbst zum Ausgangspunkt innerwestlicher Konflikte geworden. Die amerikanische Sicherheitsstrategie offenbart, mehr als alles andere, wie sehr das mächtigste Land der Welt sich vor eben dieser fürchtet. Sie zeugt zwar von einer emotionalen Entschlossenheit, die westliche Zivilisation gegen ihre Feinde zu verteidigen, ist aber letztlich das Gegenteil einer Strategie, denn sie exportiert das eigene Gefühl der Bedrohung in alle Welt und destabilisiert staatliche Strukturen.

Diese Angstkultur findet auch innerhalb der westlichen Gesellschaften ihren Niederschlag und unterminiert eben die westliche Zivilisation, die man nach außen zu verteidigen trachtet. Anstatt sich das Diktat des Terrors *nicht* aufdrücken zu lassen, geschieht paradoxerweise eben dieses. Es ist nicht der Terrorismus, sondern das Primat der Sicherheit, das demokratische und freiheitsrechtliche Errungenschaften zur Disposition stellt. Geradezu bereitwillig opfert man selbst zentrale Symbole der Freiheit. In seinem Buch *Imperium der Angst. Die USA und die Neuordnung der Welt* beschreibt Benjamin R. Barber, wie die Regierung Bush die Freiheitsglocke von Philadelphia – sie wurde geläutet, als der amerikanische Kongress am 4. 7. 1776 die »Declaration of Independence« verabschiedete – aus Angst vor Anschlägen ummauern ließ, offenbar ohne sich der Symbolik dieses Handelns bewusst zu sein. Hinsichtlich der Auswirkungen der Angstkultur auf demokratische Gesellschaften wird Barber sehr deutlich: »Das Imperium der Angst ist ein Reich ohne Bürger, ein Habitat von Zuschauern, Untertanen und Opfern, die ihre Passivität als Hilflosigkeit erleben, die sich in Angst umsetzt ... Da Angst die Wahrnehmung bestimmt und nicht die Wirklichkeit, gewinnen die Terroristen den Krieg, ohne dass sie einen Schuss abfeuern müssen.« (Benjamin R. Barber: *Imperium der Angst. Die USA und die Neuordnung der Welt*, S. 246)

Für eine fortschrittliche Gestaltung der Zukunft ist Angst das denkbar schlechteste Leitmotiv. Sie überbetont nicht nur Bedrohungen, sondern gefährdet die Errungenschaften menschlicher Zivilisation und trübt den klaren Blick auf die Realität.

Dennoch bietet die Phase des Übergangs enorme Möglichkeiten. Alte Denkstrukturen werden aufgebrochen, festgefahrene Machtsysteme wanken, und alte Überzeugungen werden obsolet. Für Visionslosigkeit und Zynismus gibt es keinen objektiven Grund, wenn man bereit ist, die Zukunft zu gestalten. Die Potenziale sind einfach zu groß, um sie nur in Albträumen zu verarbeiten.

Eine bessere Weltordnung bedarf daher zuallererst mutiger und handelnder Menschen, die ihre kreativen, intellektuellen und menschlichen Potenziale ausschöpfen; sie braucht Menschen, die bereit sind, auch Risiken einzugehen und gegen den lähmenden Zynismus und die scheinbare Alternativlosigkeit anzudenken und anzuhandeln.

Literatur

Bachrach, Peter: *Theorie demokratischer Elitenherrschaft*, Frankfurt/Main 1970

Barber, Benjamin R: *Imperium der Angst. Die USA und die Neuordnung der Welt*, München 2003

Bell, Daniel: *The End of Ideology: On the Exhaustion of Political Ideas in the Fifties*, Harvard 2000

Bierling, Stephan: *Geschichte der amerikanischen Außenpolitik. Von 1917 bis zur Gegenwart*, München 2003

Bittermann, Klaus / Deichmann, Thomas (Hg.): *Wie Dr. Joseph Fischer lernte, die Bombe zu lieben. Die Grünen, die SPD, die Nato und der Krieg auf dem Balkan*, Berlin 1999

Chandler, David (Hg.): *Rethinking Human Rights. Critical Approaches to International Politics*, New York 2002

Forsythe, David P.: *Human Rights in International Relations*, Cambridge 2000

Füredi, Frank: *Mythical Past, Elusive Future. History and Society in an Anxious Age*, London 1992

Glazer, Nathan / Kristol, Irving (Hg.): *The American Commonwealth*, 1976

Greiffenhagen, Marin: *Das Dilemma des Konservatismus*, München 1977

Hankel, Gerd / Stuby, Gerhard: *Strafgerichte gegen Menschheitsverbrechen. Zum Völkerstrafrecht 50 Jahre nach den Nürnberger Prozessen*, Hamburg 1995

Hardt, Michael / Negri, Antonio: *Empire. Die neue Weltordnung*, Frankfurt/Main 2003

Herdegen, Matthias: *Völkerrecht*, München 2002

Ignatieff, Michael: *Die Politik der Menschenrechte*, Hamburg 2002

Ignatieff, Michael: *Empire Lite. Die amerikanische Mission und die Grenzen der Macht*, Hamburg 2003

Junker, Detlef: *Power and Mission. Was Amerika antreibt*, Freiburg / Br. 2003

Kagan, Robert: *Macht und Ohnmacht. Amerika und Europa in der neuen Weltordnung*, Berlin 2003

Lutz, Dieter S. / Gießmann, Hans J.: *Die Stärke des Rechts gegen das Recht des Stärkeren*, Baden-Baden 2003

Malik, Kenan: *The Meaning of Race. Race, History and Culture in Western Society*, London 1996

Mann, Michael: *Die ohnmächtige Supermacht. Warum die USA die Welt nicht regieren können*, Frankfurt / Main 2003

Mohler, Armin: *Tendenzwende für Fortgeschrittene*, München 1978

Müller, Harald: *Amerika schlägt zurück. Die Weltordnung nach dem 11. September*, Frankfurt / Main 2003

Müller, Ingo (Hg.): *Der Nürnberger Prozeß: Anklagereden des Hauptanklägers der USA Robert H. Jackson*, Frankfurt /Main 1995

Salewski, Michael: *Das Zeitalter der Bombe. Die Geschichte der atomaren Bedrohung von Hiroshima bis heute*, München 1995

Schild, Georg: *Die bedrohte Supermacht. Die Außenpolitik der USA nach dem Ende des Kalten Krieges*, Opladen 2002

Speck, Ulrich / Sznaider, Natan: *Empire Amerika. Perspektiven einer neuen Weltordnung*, München 2003

Woodward, Bob: *Bush at War. Amerika im Krieg*, Stuttgart 2003

Webtipps

Novo, Magazin für Wissenschaft und Politik: www.novo-magazin.de

Sp!ked: www.spiked-online.com

Wissen 3000

Renner: **1968**
Kopp: **Asyl**
Prüfer/Stollorz: **Bioethik**
Redak/Weber: **Börse**
Roloff: **Demographischer Faktor**
Rudhof: **Design**
Nemeczek: **documenta**
Krauß: **Doping**
Schmidt-Semisch/Nolte: **Drogen**
Seibert: **Existenzialismus**
Wagner: **Familienkultur**
Blecher: **Fotojournalismus**
Hirschmann: **Geheimdienste**
Riewenherm: **Gentechnologie**
Schroedter: **Globalisierung**
Gröndahl: **Hacker**
Dillmann: **Jüdisches Leben nach 1945**
Behrens: **Kritische Theorie**
Meschnig: **Markenmacht**
Lanz/Becker: **Metropolen**
Terkessidis: **Migranten**
Luks: **Nachhaltigkeit**
Arns: **Netzkulturen**
Heitmann: **Neue Weltordnung**
Koch: **New Economy**
Diederichs: **Polizei**
Büsser: **Pop-Art**
Ernst: **Popliteratur**
Büsser: **Popmusik**
Feige: **Science Fiction**
Leyrer: **Sexualität**
Müller: **Sozialismus**
Schuldt: **Systemtheorie**
Hirschmann: **Terrorismus**
Sager: **Wasser**

Bibliografische Information Der Deutschen Bibliothek

Die Deutsche Bibliothek verzeichnet diese Publikation in der Deutschen Nationalbibliografie; detaillierte bibliografische Daten sind im Internet über http://dnb.ddb.de abrufbar

Umschlag: projekt® | Barbara Hanke, Hamburg
unter Verwendung einer Fotografie von Knud Jaspersen
Herstellung: Das Herstellungsbüro, Hamburg
Druck und Bindung: Fuldaer Verlagsagentur

Printed in Germany
ISBN 3-434-46196-5

Informationen zu unseren Verlagsprogrammen finden Sie
im Internet unter www.sabine-groenewold-verlage.de